John Bunyan (1628–1688) Perjalanan Peziarah, Dihayati Sepenuhnya

Menapaki Jalan Sempit di Dunia yang Penuh Gangguan dan Masalah

Surat-surat Hidup – Seri Renungan 40 Hari | Buku 4

Oleh

John BunyanZacharias GodseagleAmb. MO OgbeC. Ladi Ogbe

Daftar isi

HAK CIPTA © HALAMAN

John Bunyan (1628–1688)
Perjalanan Peziarah, Dihayati Sepenuhnya
Menapaki Jalan Sempit di Dunia yang Penuh Gangguan dan Masalah
Surat-surat Hidup – Seri Renungan 40 Hari | Buku 4

PENULIS
John Bunyan
Zacharias Godseagle
Duta Besar Senin O. Ogbe
Comfort Ladi Ogbe

PENERBIT
Zacharias Godseagle dan Godseagle Ministries
Diterbitkan oleh: **Zacharias Godseagle**
Hubungi kami - https://www.otakada.org
ambassador@otakada.org
Telp/SMS +13024922440;
WhatsApp +2348032835348

PENAFIAN

Buku ini merupakan sumber renungan dan pembinaan murid. Meskipun bersumber dari tulisan-tulisan sejarah, KEHIDUPAN JOHN BUNYAN, dan KASIH KARUNIA YANG MELIMPAH BAGI KEPALA ORANG BERDOSA dan Kemajuan Peziarah karya John Bunyan, buku ini tidak dimaksudkan sebagai edisi akademis kritis atau pengganti teks-teks teologis utama. Kutipan Kitab Suci digunakan untuk tujuan renungan dan pengajaran. Interpretasi dan penerapannya disajikan dengan penuh doa dan pastoral.

PEMBERITAHUAN AYAT ALKITAB

Kecuali dinyatakan lain, kutipan Kitab Suci diambil dari terjemahan bahasa Inggris yang umum digunakan. Penekanan telah ditambahkan di beberapa tempat untuk kejelasan dan fokus renungan.

INFORMASI PENCETAKAN

Dicetak di Amerika Serikat
Edisi Pertama

TENTANG BUKU INI

Perjalanan Sang Peziarah Menunjukkan Jalannya — Buku Ini Membantu Anda Menempuhnya

Selama lebih dari tiga abad, tulisan-tulisan John Bunyan telah menghadapkan para pembaca pada sebuah kebenaran yang tidak dapat dihaluskan:
Kehidupan Kristen bukan hanya dipahami, tetapi juga harus dijalani.
Dari *The Pilgrim's Progress* hingga *Grace Abounding to the Chief of Sinners* , Bunyan tidak menulis berdasarkan teori. Ia menulis berdasarkan konflik, keyakinan, dan kehidupan yang tidak lagi dapat tetap sama. Kata-katanya tetap abadi karena menggambarkan bukan sebuah ide—melainkan sebuah pengalaman.
Buku ini dimulai dari sana.

ALASAN BUKU INI ADA

Banyak yang telah membaca karya Bunyan.
Banyak yang tersentuh olehnya. Tetapi hanya sedikit yang telah menghayati apa yang diungkapkannya.
Sebagian orang menganggap bahasanya sulit dipahami.
Sebagian lainnya menganggap kedalaman maknanya sangat mengagumkan. Banyak yang mengenali kebenaran—namun berhenti sampai di situ.
Buku ini mengisi kesenjangan tersebut.
Buku ini membawa pesan Bunyan keluar dari alegori dan autobiografi
dan menerapkannya ke dalam kehidupan sehari-hari—selangkah demi selangkah, keputusan demi keputusan.

APA YANG MEMBUAT BUKU INI BERBEDA?

Ini bukan:
Ringkasan
Sebuah komentar
Penceritaan ulang yang disederhanakan
Ini adalah **perjalanan pembentukan yang terarah** .
Dibangun di atas:
Perjalanan Sang Peziarah (perjalanan keluar)
Kasih Karunia yang Melimpah (perjuangan batin)
Buku ini menyatukan keduanya menjadi satu jalan hidup—diterjemahkan ke dalam bahasa modern, tekanan modern, dan gangguan modern.
Setiap bab membawa Anda menyelami suara Bunyan—bukan sebagai sejarah yang diamati, tetapi sebagai kehidupan yang dijalani.
Setiap hari memperluas perjalanan itu ke dalam perjalanan Anda sendiri.

APA YANG AKAN ANDA ALAMI

Ini bukan informasi.
Ini adalah formasi yang bergerak.

Selama lebih dari 40 hari, Anda akan menempuh jalur yang telah direncanakan dengan matang:

Kebangkitan → Perpisahan → Konflik → Pembentukan → Ketekunan

Setiap hari dirancang untuk menggerakkan Anda dari kesadaran menuju tindakan melalui:

Suara Bunyan:

Perjuangan, ketakutan, perlawanan, dan kejelasannya—murni dan langsung.

Realita Anda Sendiri

: Tempat bertemunya keyakinan, penundaan, gangguan, dan ketaatan

Keselarasan Praktis

Bukan ide untuk dikagumi—tetapi tindakan untuk dilakukan

Perjalanan Progresif

Bukan refleksi acak—tetapi jalur terstruktur yang membangun

Pertanyaan-pertanyaan itu tidak akan membiarkanmu tetap menjaga jarak.

Tindakan-tindakan itu tidak akan membiarkanmu tetap tidak berubah.

UNTUK SIAPA BUKU INI DITUJUKAN

Buku ini ditujukan bagi mereka yang tahu bahwa ada sesuatu yang belum selesai.

Ini untuk:

Mereka yang merasakan ketegangan antara keyakinan dan ketaatan

Umat Kristen lelah dengan pengabdian pasif dan siap untuk keselarasan yang nyata.

Pembaca yang mengenali kebenaran—tetapi memiliki respons yang tertunda

Mereka yang menghadapi gangguan, tekanan, dan ketidakkonsistenan

Siapa pun yang pernah berpikir:

"Aku tahu ini benar... tapi aku tidak mengalaminya."

Ini bukan untuk bacaan santai.
Ini untuk mereka yang bersedia berjalan.

APA YANG AKAN ANDA TERIMA

Sepanjang perjalanan ini, Anda akan memperoleh:
Kejelasan — Melihat kondisi Anda tanpa menghindar.
Keyakinan — Mengenali di mana penundaan telah menggantikan kepatuhan
Arah — Memahami apa yang harus diubah—dan bagaimana caranya
Disiplin — Membentuk pola yang mendukung transformasi
Ketahanan — Belajar untuk terus maju ketika kemajuan terasa lambat
Pada akhirnya, Anda tidak hanya akan lebih memahami Bunyan.
Anda akan melihat diri Anda sendiri dengan lebih jelas—dan berada pada posisi untuk menjalani hidup secara berbeda.

APA KATA PARA PEMBACA TINGKAT LANJUT

Para pembaca dan pemimpin awal menggambarkan karya ini sebagai lebih dari sekadar buku renungan:

"Film ini tidak membiarkan Anda mengagumi perjalanannya—film ini menempatkan Anda di dalamnya."
"Ini bukan bacaan yang nyaman—dan justru itulah mengapa ini berhasil."
"Saya mengharapkan inspirasi. Yang saya temukan adalah pembentukan."
"Hal itu mengungkap hal-hal yang telah saya tunda selama bertahun-tahun."
"Bunyan menjadi nyata—dan begitu pula kondisi saya sendiri."
"Ini adalah pemuridan, bukan bacaan renungan."

KATA PENUTUP

Bunyan menunjukkan jalannya.

Namun, melihat jalan tidak sama dengan menempuhnya.
Buku ini adalah undangan Anda untuk bergerak:
Dari kesadaran → menuju keputusan; Dari kepercayaan → menuju ketaatan; Dari membaca → menuju menjadi.
Anda tidak diminta untuk mengagumi perjalanan tersebut.
Anda diminta untuk memasukkannya.
Karena jalan yang sempit tidak ditemukan dalam teori—melainkan diungkapkan selangkah demi selangkah melalui ketaatan.
Shalom!

Zacharias Dewa Laut; Amb MO Ogbe; C.Ladi Ogbe
Pelayanan Elang Tuhan
https://www.otakada.org
ambassador@otakada.org

RINGKASAN SAMPUL BELAKANG

Kisah Pilgrim's Progress menggambarkan perjalanan tersebut. Buku ini membantu Anda menempuh perjalanan itu.

Selama lebih dari 300 tahun, The Pilgrim's Progress telah mengungkapkan jalan kehidupan Kristen—beban, pertempuran, gangguan, dan tujuan akhirnya.

Namun banyak yang telah membacanya...
dan hanya sedikit yang telah mengalaminya.
Menempuh Jalan Sempit di Dunia yang Penuh Gangguan dan Masalah adalah perjalanan renungan selama 40 hari yang dirancang untuk menggerakkan Anda dari kesadaran menuju tindakan.
Dengan mengambil inspirasi dari *The Pilgrim's Progress* dan Grace Abounding to the Chief of Sinners, buku ini membawa pesan John Bunyan ke dalam kehidupan modern—menerjemahkan kebenaran abadi ke dalam ketaatan sehari-hari.
Setiap hari akan memandu Anda melalui:
Realita kondisi batin Anda
Ketegangan antara kebenaran dan penundaan
Harga dari ketaatan sejati
Disiplin transformasi
Ketahanan yang dibutuhkan untuk menyelesaikan
Ini bukanlah buku yang patut dikagumi.
Ini adalah jalan yang bisa dilalui.
Jika Anda pernah merasa:
bobot keyakinan
daya tarik pengalihan perhatian
perjuangan untuk menjalani apa yang Anda yakini
kalau begitu, perjalanan ini cocok untukmu.
Bukan hanya memahami jalannya—
tetapi juga menempuhnya.

ULASAN PEMBACA AWAL

1. Pendeta / Pemimpin Gereja

"Ini bukan renungan yang Anda berikan sebagai tugas—ini adalah renungan yang Anda pelajari dengan saksama. Renungan ini menantang, memperjelas, dan mengajak orang-orang untuk melampaui kekristenan pasif dan mewujudkannya dalam ketaatan. Saya akan menggunakan ini bersama tim kepemimpinan kami."

2. Dewasa Muda (Mencari Iman)

"Saya pernah membaca The Pilgrim's Progress sebelumnya, tetapi ini adalah pertama kalinya saya merasa buku itu berbicara langsung ke dalam hidup saya. Buku itu tidak hanya menjelaskan berbagai hal—tetapi juga mengungkap berbagai hal. Dan itu mengubah cara saya memandang perjalanan saya bersama Tuhan."

3. Pemimpin Kelompok Pemuridan

"Ini adalah salah satu alat pemuridan yang paling kokoh secara struktural yang pernah saya lihat. Alat ini tidak terburu-buru dalam transformasi—melainkan menuntutnya. Setiap hari membangun, dan tidak ada yang terasa tidak perlu."

4. Mahasiswa Teologi

"Yang paling membuat saya terkesan adalah kedisiplinan dalam penulisannya. Tulisan ini membawa bobot pemikiran Bunyan tanpa meniru, dan menerapkan wawasannya tanpa mengurangi kualitasnya. Ini adalah literatur pembentukan karakter, bukan sekadar pengisi bacaan keagamaan."

5. Profesional yang Sibuk

"Saya tidak menyangka sesuatu yang sesingkat ini setiap hari akan begitu mengganggu—dalam arti yang baik. Ini tidak membuat kewalahan, tetapi juga tidak membiarkan Anda tetap nyaman. Itu jarang terjadi."

6. Orang Beriman yang Dewasa (20+ tahun beriman)

"Saya pikir saya sudah melampaui keyakinan yang ditimbulkan buku ini. Saya salah. Buku ini menyingkirkan hal-hal yang sudah biasa dan membawa Anda kembali ke jalan yang sempit dengan cara yang sekaligus menyadarkan dan diperlukan."

7. Orang Percaya Baru

"Beberapa bagian memang sulit, tetapi tidak membingungkan. Hal itu membuat saya menyadari sejak awal bahwa mengikuti Kristus bukanlah sesuatu yang bisa dianggap enteng—dan itu membantu saya untuk menganggap iman saya dengan serius sejak awal."

8. Magang Pelayanan / Pemimpin Muda

"Buku ini mengungkap area-area yang sebelumnya tidak saya sadari membentuk kepemimpinan saya—terutama seputar kontrol, visibilitas, dan kepatuhan. Buku ini membentuk kepribadian seseorang sebelum ia naik ke podium."

9. Konselor/Mentor Kristen

"Ini adalah salah satu sumber daya paling jelas yang pernah saya lihat yang menghubungkan kondisi internal

dengan ketaatan eksternal. Sumber daya ini tidak mencoba memperbaiki orang—melainkan memposisikan mereka untuk diubah."

10. Pembaca yang Skeptis / Kembali kepada Iman

"Saya tidak menyangka akan terus melanjutkan setelah beberapa hari pertama—tetapi saya melakukannya. Bukan karena mudah, tetapi karena terasa jujur. Karya ini tidak memanipulasi emosi—melainkan menghadapi kenyataan."

11. Peserta Kelompok Kecil

"Format kelompok ini sangat efektif. Pertanyaan-pertanyaan tersebut tidak mengarah pada diskusi—melainkan mengarah pada refleksi. Dan itu benar-benar mengubah jenis percakapan yang kami lakukan."

12. Pemimpin Pasar / Eksekutif

"Buku ini menerjemahkan kebenaran spiritual ke dalam kehidupan yang disiplin. Buku ini menghilangkan pemisahan antara keyakinan dan praktik yang saya miliki. Itu saja sudah membuat perjalanan ini berharga."

KATA KUNCI KATEGORI

Renungan Kristen selama 40 hari;
Panduan renungan Pilgrim's Progress;
Buku pertumbuhan spiritual karya John Bunyan;
Pemuridan dan transformasi Kristen;
Menempuh jalan sempit kehidupan Kristen;
Ketaatan dan praktik iman Kristen sehari-hari;
Renungan pembentukan spiritual untuk orang dewasa;
Perjalanan Kristen, introspeksi diri, iman;
Buku Kristen tentang mengatasi dosa dan gangguan;
Renungan Kristen mendalam untuk pertumbuhan rohani;

KATEGORI

AGAMA / Kehidupan Kristen / Pertumbuhan Rohani
AGAMA / Kehidupan Kristen / RENUNGAN
AGAMA / Kehidupan Kristen / Pemuridan
BIOGRAFI & OTOBIOGRAFI / Agama
AGAMA / Kekristenan / Sastra & Seni

DEDIKASI

Bagi Mereka yang Menolak untuk Mundur

Buku ini didedikasikan untuk mereka yang telah melihat cukup banyak hal untuk menyadari bahwa mereka tidak bisa tetap berada di tempat mereka sekarang.
Bagi mereka yang menyimpan kesadaran tenang bahwa sesuatu harus berubah, meskipun mereka belum bisa menjelaskannya.
Kepada mereka yang telah memulai perjalanan—tidak yakin, tidak sempurna, tetapi tidak mau mengabaikan apa yang telah terungkap.
Untuk mereka yang telah melewati rintangan, menanggung konflik batin, dan memilih untuk terus maju ketika berbalik terasa lebih mudah.

Kepada mereka yang sedang belajar bahwa iman tidak ditopang oleh perasaan, melainkan oleh keputusan.
Kepada mereka yang semakin mantap—bukan karena jalannya mudah, tetapi karena mereka memilih untuk tidak meninggalkannya.
Untuk mereka yang merasakan beban untuk terus melanjutkan, namun tetap melanjutkan.
Dan bagi mereka yang mungkin belum menyadarinya, tetapi yang hidupnya sedang ditulis—secara diam-diam, terus-menerus—sebagai kesaksian hidup tentang apa yang dilakukan kebenaran ketika kebenaran itu tidak hanya dipahami, tetapi juga ditaati.
Semoga perjalanan ini tidak hanya tetap berada di dalam halaman-halaman ini.
Semoga hal itu berakar dalam hidupmu.
Dan semoga, seiring berjalannya waktu, Anda menjadi saksi yang jelas dan mudah dipahami
tentang jalan yang telah Anda pilih.

PENGAKUAN

Untuk Karya yang Terlihat—dan Karya yang Tidak Terlihat

Buku ini ada karena kebenaran tidak hanya terbatas pada halaman-halaman buku—kebenaran dibawa, diperjuangkan, dihayati, dan diteruskan melalui kehidupan-kehidupan yang memilih untuk meresponsnya.

Pertama-tama, kami mengakui kesaksian abadi **John Bunyan** , yang kehidupan dan tulisannya terus berbicara dengan jelas lintas generasi. Kejujuran, kedalaman, dan komitmennya yang teguh terhadap kebenaran tidak hanya membentuk pemikiran Kristen tetapi juga menyediakan jalan yang tetap sangat relevan di setiap zaman. Apa yang ia jalani dan tulis terus membimbing mereka yang bersedia menempuh jalan sempit dengan tulus.

Kami mengakui banyaknya orang percaya—yang dikenal maupun tidak dikenal—yang hidupnya secara diam-diam telah mewujudkan perjalanan yang sama. Mereka yang telah berjalan dengan setia tanpa pengakuan, bertahan tanpa tepuk tangan, dan tetap konsisten ketika tidak ada yang memperhatikan. Kehidupan mereka adalah bagian dari kesaksian hidup yang sama yang ingin direfleksikan oleh buku ini.

Kami menghargai mereka yang membaca bukan untuk mencari informasi, tetapi untuk transformasi. Mereka yang mendekati perjalanan ini dengan kejujuran, membiarkan kebenaran menantang, membentuk, dan memurnikan mereka. Tanpa pembaca seperti itu, buku ini akan tetap tidak lengkap—karena buku ini tidak terpenuhi dalam penulisan, tetapi dalam penghayatan.

Kami juga mengakui kerja keras yang tak terlihat yang terjadi di dalam diri setiap pembaca—keputusan-keputusan yang tenang, perubahan internal, momen-momen perlawanan, penyerahan diri, dan keselarasan yang mungkin tidak pernah diamati oleh orang lain. Ini bukanlah hal-hal kecil. Ini adalah inti dari transformasi yang sesungguhnya.

Akhirnya, kami mengakui bahwa perjalanan ini tidak hanya didukung oleh usaha manusia semata. Apa yang dimulai dari kesadaran diteruskan oleh rahmat, diperkuat melalui ketekunan, dan diselesaikan melalui kemauan untuk tetap bertahan.

Semoga apa yang telah ditulis di sini terus berlanjut melampaui halaman-halaman ini.

Dan semoga setiap kehidupan yang terlibat dalam perjalanan ini, pada waktunya, menjadi
ekspresi yang jelas dan setia tentang apa yang dilakukan kebenaran ketika dihayati.

KATA PENGANTAR

Ketika Sebuah Cerita Menjadi Cermin

Iman Kristen tidak pernah hanya didukung oleh ide semata.
Hal itu telah diwariskan dari generasi ke generasi.
Dari halaman-halaman awal Kitab Suci hingga saat ini, Tuhan telah menyatakan Diri-Nya bukan hanya melalui apa yang tertulis, tetapi juga melalui apa yang dihayati. Kebenaran diungkapkan dalam kata-kata, tetapi diteguhkan dalam kehidupan yang memilih untuk selaras dengannya. Kitab Suci berbicara; kehidupan menafsirkan. Doktrin menjelaskan; ketaatan menunjukkan.
Inilah mengapa kisah-kisah seperti kisah **John Bunyan** terus bertahan hingga kini.
Bukan karena mereka jauh atau bersejarah, tetapi karena mereka tetap **mudah dikenali** .
Kehidupan Bunyan tidak ditandai dengan kemudahan, kejelasan, atau kemajuan tanpa hambatan. Kehidupannya ditandai dengan konflik batin, perjuangan yang berkepanjangan, perlawanan, penundaan, keyakinan, penyerahan diri, dan ketekunan. Ia tidak menampilkan versi iman yang sempurna. Ia mengungkapkan prosesnya—dengan jujur, penuh penderitaan, dan tanpa kedok.
Dan dengan melakukan itu, dia memberikan sesuatu yang lebih dari sekadar buku kepada Gereja.
Dia memberinya **cermin** .
Kisah Perjalanan Peziarah bukan sekadar alegori yang patut dikagumi. Ia merupakan cerminan jiwa manusia di bawah keyakinan yang teguh, peta ketegangan yang muncul ketika kebenaran menjadi personal, dan panduan bagi mereka yang bersedia berjalan—bukan dengan sempurna, tetapi dengan gigih.
Buku ini merupakan bagian dari *Seri Renungan 40 Hari Surat-surat Hidup* , yang dibangun di atas keyakinan sederhana:

Pemuridan itu semakin mendalam ketika kebenaran terlihat dalam tindakan.
Tidak bisa dijelaskan dari kejauhan,
tetapi dialami di bawah tekanan.
Tidak dikagumi,
tetapi ditaati.
Buku ini tidak ditulis untuk menggantikan karya Bunyan.
Ditulis untuk **mendekatkannya** .
Mengambil apa yang ditulis di masa lalu dan membiarkannya berbicara langsung ke masa kini—menerjemahkan kedalamannya ke dalam pengalaman hidup, menarik tema-temanya ke dalam keputusan sehari-hari, dan membimbing pembaca tidak hanya melalui pemahaman, tetapi juga melalui **partisipasi** .
Karena perjalanan yang digambarkan Bunyan tidak terbatas pada kehidupannya sendiri.
Hal itu berlanjut dalam setiap kehidupan yang berhadapan dengan kebenaran dan harus memutuskan apa yang harus dilakukan dengannya.
Renungan ini disusun sebagai perjalanan empat puluh hari—bukan untuk diselesaikan dengan cepat, tetapi untuk dijalani dengan penuh kesadaran. Setiap hari dirancang untuk membawa pembaca pada ketegangan, keputusan, dan pembentukan yang sama yang membentuk perjalanan Bunyan, dan untuk membuat realitas tersebut menjadi pribadi.
Bukan teori.
Bukan sesuatu yang jauh.
Namun, harus segera dilakukan.
Ini bukan ajakan untuk membaca lebih banyak.
Ini adalah seruan untuk **merespons** .
Anda tidak diminta untuk mengagumi jalan tersebut.
Anda diundang untuk berjalan kaki.
Dan saat Anda melakukannya, sesuatu akan menjadi jelas:
Kisah itu tidak hanya tetap berada di halaman.
Hal itu mulai terbentuk
dalam dirimu.

PERKENALAN

Di mana Perjalanan Menjadi Pribadi

Akan tiba suatu momen dalam setiap kehidupan ketika kebenaran tidak lagi jauh.

Ini bukan lagi sesuatu yang Anda baca, diskusikan, atau kagumi dari jarak aman. Hal itu mulai menekan ke dalam—awalnya secara perlahan, kemudian dengan semakin jelas—hingga apa yang dulunya terasa opsional mulai terasa tak terhindarkan. Tidak selalu dramatis. Tidak selalu datang dengan kepastian. Tetapi hal itu membawa bobot yang tidak mudah diabaikan.

John Bunyan memahami momen ini dengan baik.

Sebelum menjadi salah satu tokoh paling berpengaruh dalam sejarah Kekristenan, ia adalah seorang pria yang sangat gelisah di dalam dirinya. Ia tidak acuh tak acuh. Ia tidak tidak menyadari. Bahkan, ia sangat menyadari kondisinya. Pikirannya tertuju ke dalam, hati nuraninya semakin lantang, dan rasa pertanggungjawabannya di hadapan Tuhan menjadi tak mungkin diabaikan. Ia tidak mudah mencapai iman, dan ia juga tidak cepat maju. Ia ragu-ragu. Ia bergumul. Ia menunda. Namun, ia tidak bisa menghindari kesadaran yang semakin tumbuh bahwa sesuatu di dalam dirinya membutuhkan respons.

Di sinilah kisahnya menjadi kisah kita.

Karena pergumulan yang digambarkan Bunyan tidak terbatas pada zamannya. Pergumulan itu tidak terikat oleh bahasa, budaya, atau generasi. Itu adalah ketegangan yang sama yang ada pada pembaca modern—kesadaran akan kebenaran tanpa pergerakan kehidupan yang sesuai. Itu adalah pengakuan diam-diam bahwa ada sesuatu yang tidak selaras, disertai dengan penolakan yang sama kuatnya untuk mengubahnya. Itu adalah ruang antara mengetahui dan melakukan, antara keyakinan dan ketaatan, antara melihat jalan dan benar-benar melangkah di atasnya.

Buku ini ditulis untuk ruang tersebut.
Buku ini tidak berasumsi bahwa pembaca kurang pengetahuan. Buku ini berasumsi sesuatu yang lebih sulit—bahwa pembaca mungkin sudah tahu lebih banyak daripada yang mereka jalani. Buku ini mengakui bahwa kepercayaan, itu sendiri, bukanlah tantangan. Tantangan yang lebih besar adalah keselarasan. Beralih dari persetujuan ke tindakan. Dari niat ke ketaatan. Dari kehidupan yang mengakui kebenaran menjadi kehidupan yang dibentuk olehnya.
Tulisan-tulisan Bunyan mengungkapkan transisi ini dengan kejelasan yang luar biasa.
Dalam *buku Grace Abounding to the Chief of Sinners* , ia mengungkap dunia batin keyakinan—ketakutan, keraguan, pertanyaan, dan pikiran-pikiran yang tak henti-hentinya muncul. Ini bukanlah narasi yang dipoles. Ini mentah, jujur, dan seringkali tidak nyaman. Ia tidak menampilkan dirinya sebagai sosok yang kuat, tetapi sebagai sosok yang berkonflik. Bukan sebagai sosok yang yakin, tetapi sebagai sosok yang sedang mencari. Dan dengan demikian, ia memberikan bahasa pada pergumulan yang dialami banyak orang tetapi hanya sedikit yang mampu mengungkapkannya.
Dalam *The Pilgrim's Progress* , pergumulan batin itu terwujud. Apa yang dulunya internal menjadi terlihat. Beban tidak lagi tersembunyi. Perjalanan dimulai. Jalan terbentang. Rintangan muncul. Suara-suara memanggil—beberapa untuk membimbing, yang lain untuk mengalihkan perhatian. Kemajuan dicapai, kemudian diuji. Kejelasan diperoleh, kemudian ditantang. Dan di tengah semua itu, satu kenyataan tetap konstan: perjalanan harus dijalani.
Bersama-sama, kedua karya ini membentuk gambaran yang utuh—satu ke dalam, satu ke luar. Yang satu mengungkapkan kondisi hati, yang lain mengungkapkan jalan yang harus ditempuh. Buku ini menyatukan keduanya, bukan untuk menjelaskannya lagi, tetapi untuk **mengajak Anda masuk ke dalamnya** .
Karena pada akhirnya ini bukanlah perjalanan Bunyan yang sebenarnya.

Ini milikmu.
Struktur yang akan Anda masuki ini dirancang dengan sengaja. Struktur ini tidak terburu-buru, tetapi juga tidak membuat Anda tetap sama. Selama empat puluh hari, Anda akan melewati tahapan-tahapan yang mencerminkan perkembangan yang dialami Bunyan sendiri: kebangkitan, perpisahan, konflik, pembentukan, dan ketekunan. Ini bukanlah fase teoretis. Ini adalah realitas yang muncul ketika kebenaran mulai menguasai kehidupan.
Anda mungkin akan langsung mengenali diri sendiri. Atau Anda mungkin akan menolak apa yang Anda lihat. Keduanya adalah bagian dari proses tersebut.
Yang terpenting bukanlah bagaimana Anda memulai, tetapi apakah Anda bersedia untuk melanjutkan.
Buku ini tidak akan membanjiri Anda dengan informasi. Buku ini tidak akan mencoba menjawab setiap pertanyaan atau menghilangkan setiap ketegangan. Sebaliknya, buku ini akan melakukan sesuatu yang jauh lebih menantang—buku ini akan meminta Anda untuk merespons. Setiap hari akan menghadirkan sesuatu di hadapan Anda. Sebuah momen. Sebuah kebenaran. Sebuah refleksi. Dan kemudian, dengan tenang namun jelas, sebuah undangan untuk bertindak.
Tidak di depan umum. Tidak secara pura-pura.
Tapi secara pribadi.
Anda tidak diminta untuk menjadi orang lain.
Anda diminta untuk menjadi jujur.
Jujurlah tentang di mana kamu berada.
Jujurlah tentang apa yang kamu ketahui. Jujurlah tentang apa yang telah kamu tunda.
Karena begitu kejujuran dimulai, pergerakan menjadi mungkin.
Dan begitu pergerakan dimulai, perjalanan itu bukan lagi sekadar teori.
Itu menjadi nyata.
Tidak ada tekanan untuk menyelesaikan ini dengan sempurna.
Tidak ada harapan akan transformasi yang terjadi seketika.
Tetapi ada asumsi bahwa jika Anda terus melanjutkan, sesuatu

akan mulai berubah—tidak sekaligus, tidak secara dramatis, tetapi secara bertahap.
Begitulah cara pembentukan yang sesungguhnya terjadi.
Perlahan. Diam-diam. Dengan gigih.
Hingga apa yang dulunya ditentang menjadi sebuah pilihan.
Hingga apa yang dulunya jauh menjadi pribadi.
Hingga apa yang dulunya dibaca menjadi dihayati.
Anda belum sampai di akhir perjalanan.
Anda sudah sampai pada titik di mana hal itu tidak bisa lagi diabaikan.
Dan dari situlah semuanya dimulai.

BAGIAN 1 PENDAHULUAN

Sebelum Perjalanan Dimulai

Terbentuknya Jiwa yang Tak Dapat Menemukan Ketenangan

Ada suatu versi kehidupan Kristen yang tampak tenang di luar, namun tetap bergelut di dalam. Mereka memahami bahasa iman, mengenali perbedaan antara benar dan salah, dan bahkan mungkin berpartisipasi dalam kegiatan keagamaan, tetapi di balik semua itu, sesuatu tetap gelisah—secara diam-diam, terus-menerus, dan seringkali tanpa penjelasan yang jelas. Di sinilah perjalanan sesungguhnya dimulai, bukan dengan kejelasan atau keyakinan, tetapi dengan kegelisahan.

Sebelum arahan diberikan, sesuatu harus terasa salah terlebih dahulu. Sebelum seseorang mulai mengikuti Kristus, mereka harus menghadapi kenyataan yang tidak nyaman bahwa apa yang mereka pegang teguh tidak dapat membawa mereka lebih jauh. Inilah ruang tempat **John Bunyan (1628–1688)** pernah hidup—bukan sebagai orang yang memiliki kepastian langsung, tetapi sebagai seseorang yang ditandai oleh kegelisahan, kontradiksi, dan kesadaran yang semakin meningkat bahwa sesuatu di dalam dirinya tidak selaras.

Bunyan bukannya kurang kesadaran; ia kurang ketenangan. Ia tertarik pada dosa namun terganggu olehnya, menyadari keberadaan Tuhan namun tidak mampu menemukan kedamaian dengan-Nya. Perbedaan ini sangat penting, karena banyak orang saat ini hidup dalam ketegangan yang sama: mereka cukup mengetahui kebenaran untuk merasa bertanggung jawab, tetapi tidak cukup menyerah untuk merasa bebas. Mereka bergerak antara keyakinan dan gangguan, antara keseriusan singkat dan penghindaran yang berkepanjangan, merasakan bahwa ada sesuatu yang salah sambil berharap itu akan terselesaikan dengan sendirinya seiring waktu. Tetapi tidak.

Dalam pengalaman Bunyan, kesadaran tidak meringankan beban—melainkan memperberatnya. Pikiran beralih ke dalam diri, pertanyaan menjadi lebih tajam, dan rasa takut menjadi lebih jelas. Ia mulai menyadari bahwa masalahnya bukan hanya apa yang telah ia lakukan, tetapi juga apa yang sedang ia alami. Di sinilah kisahnya mulai mencerminkan jiwa modern: bukan hanya dalam keadaan, tetapi dalam pola. Kesadaran yang semakin meningkat akan ketidaksesuaian, ketidakmampuan untuk sepenuhnya membungkam kesadaran itu, dan pengakuan diam-diam bahwa hidup, sebagaimana dijalani saat ini, tidaklah cukup.

Banyak orang menanggapi ketegangan ini dengan mengelolanya daripada menyelesaikannya. Mereka mengalihkan perhatian, menunda keputusan, dan melunakkan keyakinan, tetap berfungsi secara lahiriah sementara tetap gelisah di dalam hati. Bagian 1 tidak terburu-buru melewati ruang ini; ia tetap berada di dalamnya. Bagian ini meneliti apa yang terjadi ketika kesadaran meningkat tetapi kejelasan tidak, ketika keyakinan semakin dalam tetapi arah tetap tidak jelas, dan ketika seseorang mulai merasakan bahwa perubahan diperlukan tetapi belum tahu bagaimana melangkah maju.

Sebelum Bunyan menulis *The Pilgrim's Progress* , sebelum ia memahami hakikat jalan yang akan ditempuhnya, ia adalah seorang pria yang mencoba memahami apa yang terjadi di dalam dirinya. Perjalanannya tidak dimulai dengan kekuatan, tetapi dengan keterbukaan. Saat Anda membaca bab-bab selanjutnya, tahan keinginan untuk menganalisis terlalu cepat. Sebaliknya, perhatikan apa yang muncul di dalam diri Anda—di mana keresahan masih ada, di mana perlawanan tetap ada, di mana keyakinan telah diakui tetapi belum ditindaklanjuti.

Bagian ini belum meminta Anda untuk mengubah apa pun; bagian ini meminta Anda untuk memperhatikan. Karena jauh sebelum seseorang menempuh jalan yang sempit, mereka harus terlebih dahulu menyadari bahwa mereka tidak beristirahat di tempat mereka berdiri. Sampai hal itu menjadi jelas, perjalanan tidak dapat dimulai.

Bab 1 — Jiwa yang Tak Bisa Diam

Kegelisahan, Kebisingan, dan Pencarian Sesuatu yang Lebih

Pada awalnya, saya bukanlah orang yang mencari Tuhan dengan tujuan yang pasti, dan saya juga tidak memiliki kesadaran yang jelas bahwa hidup saya perlu diubah. Saya hidup seperti orang lain, berbicara seperti mereka, dan dengan bebas menyerahkan diri pada hal-hal yang memberi saya kesenangan dan kebersamaan. Tidak ada hal lahiriah dalam perilaku saya yang membedakan saya dari orang kebanyakan, dan pada awalnya, tidak ada hal batiniah yang mendorong saya untuk memeriksa diri saya dengan serius. Namun, bahkan pada masa itu, ketika saya paling tidak memikirkan hal-hal seperti itu, saya tidak sepenuhnya dibiarkan sendiri.

Terkadang, tanpa diduga, muncul semacam hambatan dalam diri saya, tidak cukup kuat untuk menghentikan saya sepenuhnya, namun cukup untuk mengganggu saya setelah saya melakukan apa yang saya inginkan. Saya bisa melanjutkan perjalanan saya, dan sering kali melakukannya tanpa gangguan langsung, tetapi setelah itu tetap ada sesuatu yang tidak dapat saya singkirkan sepenuhnya. Hambatan itu tidak selalu datang dengan kekuatan yang sama, dan tidak selalu tinggal bersama saya dalam jumlah yang sama, namun cukup sering kembali sehingga saya tidak dapat mengatakan bahwa saya tenang. Apa yang dulu saya lakukan dengan ringan mulai, meskipun perlahan, mengikuti saya dengan beban yang belum pernah saya rasakan sebelumnya.

Saya tidak langsung menyerah pada gangguan ini, dan saya juga tidak menafsirkannya sebagai sesuatu yang membutuhkan respons tegas. Sebaliknya, saya melanjutkan tindakan saya, berargumen dalam diri sendiri bahwa apa yang saya lakukan tidak lebih buruk daripada apa yang dilakukan orang lain, dan bahwa jika ada alasan untuk khawatir, itu dapat ditangani di lain waktu. Namun, bahkan saat saya berargumen, saya tidak dapat sepenuhnya membungkam apa yang mulai muncul dalam diri saya. Ada saat-saat ketika apa yang saya lakukan kehilangan kemudahannya, bukan karena saya memilih untuk meninggalkannya, tetapi karena sesuatu dalam diri saya tidak lagi setuju dengannya seperti dulu.

Suatu ketika, saat saya sedang melakukan sesuatu yang saya anggap tidak berbahaya, sebuah pikiran tiba-tiba muncul dengan sangat tajam, menanyakan apakah saya akan meninggalkan dosa-dosa saya dan pergi ke surga, atau tetap mempertahankan dosa-dosa saya dan pergi ke neraka. Ini bukan sekadar pikiran yang berlalu begitu saja, tetapi pikiran yang melekat pada saya sedemikian rupa sehingga saya tidak dapat dengan mudah mengabaikannya. Pada saat itu saya menyadari bahwa saya tidak bersedia melepaskan apa yang saya pegang, meskipun saya tidak dapat menyangkal bahwa alternatif yang ada di hadapan saya jauh lebih berat. Karena itu saya tidak menjawab pertanyaan tersebut, tetapi kembali ke jalan yang telah saya tempuh sebelumnya, meskipun saya tidak dapat kembali ke jalan itu dengan kesederhanaan yang sama seperti sebelumnya.

Sejak saat itu, saya menemukan perpecahan dalam diri saya yang sebelumnya tidak ada dengan cara yang sama. Saya masih bisa melanjutkan, masih melakukan apa yang selalu saya lakukan, namun saya tidak lagi sama seperti dulu. Apa yang dulu berlalu dengan cepat kini menetap, dan apa yang dulu tidak meninggalkan kesan kini kembali kepada saya dengan semakin jelas. Saya mulai melihat, meskipun belum sepenuhnya, bahwa sesuatu dalam diri saya sedang terungkap, dan pengungkapan ini bukanlah pilihan saya.

Terkadang saya berpikir untuk menyingkirkan pikiran-pikiran ini dengan mengurangi perhatian saya terhadapnya, atau dengan kembali sepenuhnya pada hal-hal yang pernah menyibukkan saya tanpa gangguan. Tetapi saya mendapati bahwa hal ini tidak berhasil seperti yang saya harapkan. Apa yang saya singkirkan untuk sementara waktu akan datang kembali, dan seringkali dengan kekuatan yang lebih besar, sehingga saya tidak dapat sepenuhnya menghindarinya. Saya, seolah-olah, diikuti oleh sesuatu yang tidak mau meninggalkan saya seperti semula.

Kondisi ini tidak langsung membawa saya pada keputusan yang pasti, juga tidak langsung mengubah hidup saya. Sebaliknya, kondisi ini membuat saya gelisah, di mana saya tidak dapat kembali pada ketenangan yang pernah saya miliki, juga tidak dapat melangkah maju menuju hal yang belum saya pahami. Saya tidak bodoh, namun saya juga tidak pasrah. Saya cukup tahu untuk merasa gelisah, tetapi tidak cukup untuk merasa tenang.

Dan kegelisahan ini, meskipun saat itu aku belum menyadarinya, adalah awal dari semua yang akan terjadi selanjutnya. Karena begitu seseorang terbangun, bahkan sebagian, ia tidak mudah kembali tidur, meskipun ia mungkin mencoba berkali-kali. Sesuatu telah dimulai dalam diriku yang tidak dapat dibatalkan, dan meskipun aku melanjutkan hidupku seperti sebelumnya untuk sementara waktu, aku tidak lagi tak tersentuh.

TITIK INFLEKSI

Pertanyaan untuk Pengamatan Jujur

Jangan terburu-buru menjawab pertanyaan-pertanyaan ini. Tetaplah berpegang pada pengalaman Anda sendiri saat membacanya.

1. Di bagian mana dalam hidup Anda, Anda terus menjalani sesuatu yang tampak normal secara lahiriah, sementara sesuatu di dalam hati mulai menentangnya? Tidak cukup untuk menghentikan—tetapi cukup untuk mengganggu.
2. Apa yang selalu Anda sukai berulang kali, meskipun hal itu tidak lagi terasa sesederhana atau memuaskan seperti dulu?
   Apa yang telah berubah dalam pengalaman Anda terhadap hal itu?
3. Pernahkah Anda merasakan "teguran" yang tenang di dalam diri setelah melakukan sesuatu yang sebelumnya sudah Anda benarkan?
   Apa yang Anda lakukan dengan perasaan gelisah itu?
4. Dengan cara apa Anda meyakinkan diri sendiri untuk tetap berada di tempat Anda sekarang?
   Argumen apa yang Anda gunakan untuk menunda perubahan?
5. Kebenaran apa yang telah datang kepada Anda—bukan sebagai gagasan umum—tetapi sebagai pertanyaan langsung dan pribadi yang tidak dapat Anda abaikan begitu saja?
   Apa yang Anda lakukan ketika kebenaran itu datang?
6. Di bagian mana Anda merasakan adanya perpecahan yang semakin besar dalam diri Anda—antara apa yang Anda lakukan dan apa yang mulai Anda lihat?
7. Apa yang telah Anda coba bungkam, hindari, atau lupakan—hanya untuk kemudian mendapati hal itu kembali dengan lebih jelas?

8. Di bidang kehidupan mana Anda tidak lagi bisa kembali ke kemudahan yang pernah Anda miliki, meskipun Anda mencoba?

Orientasi Lembut untuk Pembaca

Kegelisahan bukanlah kegagalan.
Seringkali itu adalah tanda pertama bahwa sesuatu telah dimulai.

Anda belum diminta untuk menyelesaikan apa pun.
Hanya diminta untuk menyadari di mana Anda tidak lagi merasa tenang.

Karena begitu gangguan menjadi jelas,
kembali ke kesederhanaan tidak mungkin lagi.

Bab 2 — Ketika Dosa Berhenti Terasa Kecil

Hari Ketika Kesadaran Berubah Menjadi Berat Badan

Saat saya terus berada dalam kondisi ini, saya mendapati bahwa apa yang awalnya tampak sebagai gangguan tidak meninggalkan saya seperti yang saya harapkan, melainkan semakin menekan saya, sehingga saya tidak lagi dapat menganggap enteng hal-hal yang sebelumnya hampir tidak saya perhatikan. Bukan berarti saya tiba-tiba berubah, atau memutuskan untuk mengambil jalan baru, tetapi apa yang dulu saya abaikan tanpa berpikir kini kembali kepada saya dengan kegigihan yang tidak mudah saya hindari. Kebiasaan lama saya tetap ada, namun tidak lagi membebani saya seperti dulu.

Ada kata-kata yang pernah kuucapkan dengan ceroboh yang kini kembali menghantuiku, bukan sebagai kenangan yang berlalu, tetapi sebagai sesuatu yang membawa konsekuensi. Ada tindakan-tindakan yang kulakukan tanpa kendali yang kini mengikutiku dengan beban yang belum pernah kurasakan sebelumnya. Aku tidak sepenuhnya bisa menjelaskan mengapa demikian, dan aku juga tidak sepenuhnya bisa menolaknya, tetapi aku mendapati bahwa aku tidak lagi mampu mengabaikan apa yang dulu kuanggap sepele. Apa yang dulu kujalani dengan bebas kini mulai menekan diriku.

Dalam hal ini, saya mulai menyadari—meskipun samar-samar—bahwa kondisi saya tidak seperti yang saya duga. Sebab, jika hal-hal ini tidak berbahaya seperti yang saya kira, mengapa sekarang hal-hal itu mengganggu saya? Mengapa hal-hal itu kembali dengan begitu kuat? Dan mengapa saya tidak merasa tenang ketika memikirkannya? Pertanyaan-

pertanyaan ini tidak muncul sekaligus, dan saya pun tidak menjawabnya, tetapi pertanyaan-pertanyaan itu tetap ada dalam pikiran saya, dan dengan tetap ada, pertanyaan-pertanyaan itu meningkatkan kegelisahan saya.

Kadang-kadang, saya bertekad dalam hati untuk memperbaiki perilaku saya, berpikir bahwa jika saya bisa memperbaiki apa yang tampak di luar, saya mungkin bisa mendapatkan kembali ketenangan. Saya berusaha untuk berbicara lebih hati-hati, bertindak dengan lebih terkendali, dan untuk sementara waktu saya mendapati bahwa saya bisa melakukannya. Namun ini tidak membawa kelegaan yang saya harapkan, karena meskipun saya mengubah beberapa hal, saya tidak mengubah diri saya sendiri. Apa yang ada di dalam tetap tidak berubah, dan dari akar yang tidak berubah itu, pikiran dan kecenderungan yang sama muncul kembali.

Penemuan ini lebih mengganggu saya daripada sebelumnya, karena saya mulai menyadari bahwa masalahnya bukan hanya pada apa yang saya lakukan, tetapi juga pada siapa saya sebenarnya. Bahkan ketika saya menahan diri secara lahiriah, saya mendapati bahwa di dalam hati saya masih menyetujuinya. Bahkan ketika saya tampak lebih teratur, saya tahu bahwa saya belum menjadi baru. Dan ini membuat saya berada dalam kesulitan yang lebih besar daripada sebelumnya, karena jika kesalahannya hanya pada tindakan saya, saya mungkin bisa memperbaikinya; tetapi karena kesalahan itu ada dalam sifat saya, saya tidak tahu bagaimana cara memperbaikinya.

Ada saat-saat ketika saya berusaha menenangkan kekhawatiran ini dengan kembali ke kebiasaan lama saya, meyakinkan diri sendiri bahwa mungkin saya telah menganggap masalah ini terlalu serius, atau bahwa seiring waktu masalah ini akan hilang. Namun saya mendapati bahwa masalah ini tidak hilang, melainkan kembali dengan kekuatan yang lebih besar, sehingga apa yang saya harapkan untuk diredam menjadi lebih sulit untuk disingkirkan. Saya berulang kali dipancing untuk mempertimbangkan kondisi saya, meskipun saya belum bersedia untuk menyelidikinya sampai tuntas.

Dalam hal ini, saya menemukan kesulitan lebih lanjut, bahwa saya terpecah bukan hanya dalam pemahaman, tetapi juga dalam keinginan. Saya melihat, sampai batas tertentu, apa yang benar, namun saya mendapati diri saya enggan untuk melepaskan apa yang saya cintai. Saya tidak sepenuhnya bodoh, namun saya belum mengambil keputusan. Saya tidak bisa mengatakan bahwa saya tidak tahu, namun saya juga tidak bisa mengatakan bahwa saya telah menyerah. Dan perpecahan dalam diri saya ini tidak memberi saya ketenangan, karena saya terjebak di antara apa yang mulai saya takuti dan apa yang belum bersedia saya tinggalkan.

Demikianlah aku terus berada dalam kondisi yang penuh masalah ini untuk beberapa waktu, tidak terbebas dari kebiasaan lamaku maupun menetap dalam jalan baru, tetapi semakin terbebani oleh perasaan bahwa ada sesuatu yang tidak beres di dalam diriku. Aku mulai kehilangan kepercayaan pada kemampuanku sendiri untuk mengubah diriku, karena meskipun aku bisa mengubah penampilan luar untuk sementara waktu, aku tidak bisa mencapai sumber dari mana perubahan itu berasal. Dan ini meninggalkanku dengan sebuah pertanyaan yang tak kunjung hilang, yaitu, apa yang harus dilakukan jika aku tidak bisa mengubah diriku sendiri.

Dan pertanyaan ini, meskipun saat itu saya tidak menjawabnya, tetap ada dalam pikiran saya dan semakin berat seiring berjalannya waktu, hingga saya tidak lagi dapat mengatakan bahwa saya merasa nyaman dengan kondisi saya. Karena ketika sesuatu yang dulunya kecil mulai tampak seperti apa adanya, ia tidak meninggalkan seseorang seperti semula, tetapi memengaruhinya sedemikian rupa sehingga ia harus berpaling darinya atau terus menanggung bebannya. Dan saya, pada saat itu, meskipun tertekan, belum berpaling.

TITIK INFLEKSI

Pertanyaan untuk Pengamatan Jujur

Jangan terburu-buru menjawab pertanyaan-pertanyaan ini. Biarkan pertanyaan-pertanyaan tersebut mengikuti alur yang sama seperti yang baru saja Anda baca.

1. Apa yang dulunya terasa kecil, tidak berbahaya, atau normal dalam hidup Anda—tetapi kini mulai kembali dengan beban yang berat?
   Bukan karena keadaan telah berubah, tetapi karena sesuatu dalam diri Anda telah berubah.
2. Kata-kata, tindakan, atau pola apa yang mulai menghantui Anda—bukan sebagai kenangan, tetapi sebagai konsekuensi?
   Apa yang kini terkandung di dalamnya yang sebelumnya tidak ada?
3. Kapan Anda mulai menyadari bahwa kondisi Anda tidak seperti yang Anda bayangkan sebelumnya?
   Apa yang telah menggoyahkan asumsi tersebut?
4. Apakah Anda sudah mencoba memperbaiki diri secara lahiriah—menyesuaikan perilaku, ucapan, atau kebiasaan—namun tidak menemukan kelegaan batin yang nyata?
   Apa yang tetap tidak berubah di balik permukaan?
5. Dengan cara apa Anda menemukan bahwa masalahnya bukan hanya apa yang Anda lakukan, tetapi juga apa yang cenderung Anda lakukan?
   Apa yang terasa lebih mendalam daripada sekadar perilaku?
6. Di mana Anda pernah mencoba menenangkan keyakinan dengan kembali pada hal yang pernah

mengalihkan perhatian Anda—hanya untuk kemudian menyadari bahwa hal itu tidak lagi berhasil?

7. Apakah Anda merasakan adanya perpecahan dalam diri Anda—di mana Anda melihat apa yang benar, namun tetap enggan untuk melepaskan apa yang Anda cintai?
   Apa yang mempertahankan ketegangan itu?
8. Di titik mana Anda mulai kehilangan kepercayaan diri dalam kemampuan Anda untuk mengubah diri sendiri?
   Apa yang telah diungkapkan oleh upaya berulang kali?
9. Pertanyaan apa yang mulai terbentuk dalam diri Anda—belum terjawab sepenuhnya, tetapi mustahil untuk diabaikan?
   Apa artinya jika Anda tidak dapat memperbaiki diri sendiri?

Orientasi Lembut untuk Pembaca

Kesadaran semakin mendalam sebelum terselesaikan.

Apa yang dulunya terasa terkendali mulai mengungkap sesuatu yang lebih dalam.
Bukan hanya perilaku—tetapi juga sifat dasar.

Anda belum diminta untuk berubah.
Hanya diminta untuk menyadari apa yang tidak dapat diubah hanya dengan usaha saja.

Karena ketika masalah bergelut ke bawah permukaan,
solusi pun tidak bisa lagi hanya berada di sana.

Bab 3 — Teror, Rasa Bersalah, dan Ketakutan Akan Terlambat

Ketika Jiwa Percaya Bahwa Ia Telah Kehilangan Tuhan Selamanya

Saat aku terus berada dalam kondisi yang penuh masalah ini, beban yang mulai menekan diriku tidak hanya tetap seperti semula, tetapi tumbuh menjadi sesuatu yang jauh lebih mengerikan, sehingga aku tidak lagi hanya merasa gelisah, tetapi sangat takut. Karena apa yang dulunya tampak bagiku sebagai masalah yang perlu diperhatikan kini berubah menjadi bahaya, dan bukan bahaya yang jauh, tetapi bahaya yang tampak dekat dan secara khusus menimpa diriku. Aku mulai takut, bukan hanya karena aku telah melakukan kesalahan, tetapi karena aku telah melakukannya tanpa bisa diperbaiki lagi.

Ketakutan ini tidak datang sekaligus, tetapi masuk secara bertahap, namun ketika telah menguasai saya, tidak mudah untuk dihilangkan. Saya mendapati bahwa beberapa firman Kitab Suci, yang sebelumnya saya dengar tanpa banyak memperhatikannya, kini datang kepada saya dengan kuat, dan tampaknya berbicara bukan secara umum, tetapi langsung kepada kondisi saya. Dan meskipun saya tidak selalu dapat menerapkannya dengan benar, namun saya tidak dapat mengabaikannya, tetapi membawanya bersama saya seperti seseorang membawa sesuatu yang tidak dapat ia lepaskan.

Ada kalanya aku berpikir dalam hati bahwa aku pasti telah berdosa melebihi apa yang dapat diampuni, dan bahwa hari kasih karunia, jika pernah terbuka bagiku, kini telah berlalu. Pikiran ini membuatku sangat ketakutan, karena aku mulai membayangkan bahwa aku telah ditolak, meskipun aku masih hidup, dan bahwa yang tersisa bagiku bukanlah harapan, melainkan hanya penantian akan penghakiman. Dan ini tidak berlalu dengan cepat, tetapi kembali lagi dan lagi, sehingga aku tidak dapat menemukan ketenangan darinya.

Dalam kondisi ini, aku memandang orang lain dan menganggap mereka aman, sementara aku sendiri terbuang. Aku melihat pada mereka kebebasan yang tidak kumiliki, dan ketenangan yang tidak dapat kucapai. Dan ini menambah kesusahanku, karena aku mulai menganggap diriku bukan hanya seorang pendosa, tetapi seseorang yang sangat istimewa, seolah-olah kasusku berbeda dari semua orang lain. Tampaknya bagiku bahwa apa yang dapat diampuni pada orang lain tidak dapat diampuni pada diriku.

Kadang-kadang, saya mencari ketenangan dengan meyakinkan diri sendiri bahwa ketakutan ini terlalu berlebihan, bahwa saya telah bertindak lebih jauh dari yang seharusnya, dan bahwa mungkin saya masih bisa menemukan jalan kembali menuju kedamaian. Tetapi bahkan ketika saya mengatakan ini, tetap ada kecurigaan kuat dalam diri saya bahwa saya hanya berbicara untuk menenangkan diri, dan bukan karena saya benar-benar mempercayainya. Karena ketika saya mempertimbangkan kondisi saya lebih dekat, saya menemukan bahwa hati saya tidak sependapat dengan kata-kata saya.

Yang paling mengganggu saya bukanlah hanya apa yang telah saya lakukan, tetapi juga apa yang telah saya alami. Karena saya melihat bahwa kecenderungan saya bukanlah kepada Tuhan, melainkan menjauh dari-Nya, dan bahkan ketika saya menginginkan kelegaan dari rasa takut, saya tidak sepenuhnya menginginkan Dia yang sendirian dapat memberikannya. Penemuan ini tidak meringankan penderitaan saya, tetapi malah menambah kesusahan saya, karena saya mulai menyadari bahwa masalah saya bukan hanya rasa bersalah, tetapi juga jarak, dan saya tidak tahu bagaimana cara mengatasinya.

Ada saat-saat ketika saya berpikir bahwa seandainya saya bertindak lebih cepat, saya mungkin telah diterima, tetapi

sekarang saya telah menunda terlalu lama, dan dengan demikian telah kehilangan kesempatan yang dulunya mungkin menjadi milik saya. Dan pikiran ini sangat membebani saya, karena seolah-olah mengatakan bahwa apa yang sekarang saya cari tidak lagi tersedia, bukan karena tidak pernah ditawarkan, tetapi karena saya tidak mengambilnya ketika saya bisa.
Lalu apa yang harus dilakukan, ketika seseorang tidak hanya takut bahwa ia dalam bahaya, tetapi juga bahwa ia sudah tidak dapat melarikan diri? Ketika ia mempertimbangkan bahwa orang lain mungkin masih bisa datang, tetapi ia sendiri telah datang terlambat? Ketika pintu yang sekarang ia cari tampak baginya seolah-olah sudah tertutup—bukan karena paksaan, tetapi karena keterlambatannya sendiri? Pikiran-pikiran ini tidak membawa saya pada kejelasan, tetapi malah semakin mendorong saya ke dalam kebingungan dan ketakutan.
Demikianlah aku terus hidup dalam ketakutan yang besar ini untuk sementara waktu, tidak tahu bagaimana menyelesaikannya, atau bagaimana melepaskannya, tetapi membawanya bersamaku sebagai beban yang terus-menerus, yang tidak meninggalkanku dan tidak memungkinkanku untuk kembali seperti semula. Karena ketika seseorang mulai percaya bahwa ia mungkin telah hilang tanpa harapan untuk diselamatkan, hal itu tidak menghasilkan kecerobohan, tetapi semacam siksaan batin, di mana ia tidak dapat beristirahat dalam dosa maupun menemukan kedamaian dalam mencari keselamatan. Dan dalam keadaan inilah aku tetap tinggal, sangat gelisah, dan belum juga terbebaskan.

TITIK INFLEKSI

Pertanyaan untuk Pengamatan Jujur

Jangan terburu-buru menjawab pertanyaan-pertanyaan ini. Biarkan pertanyaan-pertanyaan tersebut meresap dengan bobot yang sama seperti yang baru saja Anda baca.

1. Pernahkah Anda merasa bahwa apa yang dulunya mengganggu Anda kini telah menjadi sesuatu yang jauh lebih serius—bukan lagi sekadar kekhawatiran,

tetapi bahaya?
Apa yang berubah dalam cara Anda memandangnya?

2. Kebenaran apa—terutama dari Kitab Suci atau keyakinan—yang mulai terasa ditujukan kepada Anda secara pribadi, bukan secara umum?
   Bagaimana Anda menyikapinya?
3. Pernahkah Anda merasa takut bahwa Anda mungkin telah melangkah terlalu jauh—bahwa sesuatu dalam hidup Anda telah melampaui batas pemulihan?
   Jangan menjawab dengan cepat. Perhatikan perasaan itu.
4. Dengan cara apa Anda membandingkan diri Anda dengan orang lain dan menyimpulkan bahwa mereka "aman," sementara Anda tidak?
   Apa yang membuat kasus Anda terasa berbeda?
5. Apakah Anda sudah mencoba meyakinkan diri sendiri—dengan mengatakan pada diri sendiri bahwa ketakutan Anda berlebihan—sementara di dalam hati Anda merasa tidak sepenuhnya mempercayainya?
6. Apa yang lebih mengganggu Anda: apa yang telah Anda lakukan, atau apa yang Anda rasakan telah menjadi diri Anda?
   Di mana Anda merasakan jarak—bukan hanya rasa bersalah?
7. Pernahkah Anda merasa bahwa jika Anda merespons lebih cepat, mungkin keadaannya akan berbeda—tetapi sekarang Anda mungkin telah menunda terlalu lama?
   Apa dampak pikiran itu bagi Anda?
8. Bagaimana rasanya menginginkan kelegaan dari rasa takut, tetapi belum sepenuhnya mendambakan Dia yang dapat memberikannya?
   Rasakan ketegangan itu dengan jujur.
9. Pernahkah Anda merasa terjebak di suatu tempat di mana Anda tidak lagi bisa beristirahat dalam diri Anda yang dulu, namun juga tidak dapat menemukan kedamaian untuk melangkah maju?

Orientasi Lembut untuk Pembaca

Pada tahap ini, rasa takut tidak menjadi lebih sederhana—melainkan semakin intensif.
Pertanyaan yang diajukan bukan hanya "*Apa yang telah kamu lakukan?*"
tetapi juga "*Bagaimana jika sudah terlambat?*"
Anda belum diminta untuk mengatasi rasa takut itu.
Hanya untuk menyadari bobotnya.
Karena ketika jiwa mulai percaya bahwa ia mungkin tidak dapat diselamatkan lagi,
ia tidak menjadi acuh tak acuh.
Ia menjadi gelisah dengan cara yang lebih mendalam—
tidak mampu kembali, dan belum mampu bergerak maju.

Bab 4 — Mencoba Segala Cara Kecuali Menyerah

Agama, Upaya, dan Kegagalan Menemukan Kedamaian

Karena diliputi rasa takut yang hebat, dan tidak tahu bagaimana cara melepaskannya, saya mulai melakukan hal-hal yang saya pikir dapat memberi saya kelegaan, membayangkan bahwa jika saya dapat mengatur hidup saya dengan lebih baik, dan lebih serius menekuni hal-hal keagamaan, saya mungkin dapat memperoleh kembali kedamaian yang telah hilang, atau mungkin tidak pernah benar-benar saya rasakan. Maka saya mulai memperbaiki perilaku saya, bukan dari pemahaman yang mantap, tetapi dari keinginan yang mendesak untuk melepaskan diri dari teror yang telah mencengkeram saya.

Aku lebih memperhatikan ucapanku, berusaha menjaga kata-kataku agar tidak menjadi sombong dan sembrono, dan aku lebih mengawasi tindakanku daripada sebelumnya, menghindari hal-hal yang sekarang kukhawatirkan dapat menambah rasa bersalahku. Aku juga mulai membaca dan mendengarkan Kitab Suci dengan lebih saksama, berpikir bahwa di dalamnya aku mungkin menemukan petunjuk yang akan meringankan keadaanku. Dan untuk sementara waktu, tampaknya aku telah membuat beberapa kemajuan, karena aku mendapati bahwa aku dapat menahan diri dengan cara yang sebelumnya tidak kulakukan.

Namun perubahan lahiriah ini tidak mencapai sejauh yang saya harapkan, karena meskipun saya dapat membentuk apa yang terlihat, saya tidak dapat mengendalikan apa yang ada di dalam. Pikiran saya tetap tidak terkendali, keinginan saya tidak berubah, dan meskipun saya tampak lebih teratur, saya tahu bahwa saya tidak menjadi baru. Dan ini mulai mengganggu saya lagi, karena saya melihat bahwa saya dapat melakukan apa yang dituntut secara lahiriah, namun tetap menjadi orang yang sama di dalam hati.

Kadang-kadang, saya merasa terhibur dengan membandingkan diri saya dengan orang lain, mengamati bahwa saya tidak seceroboh sebagian orang, dan tidak secara terang-terangan melakukan dosa-dosa tertentu seperti dulu. Dan dalam hal ini saya menemukan semacam ketenangan sementara, meyakinkan diri sendiri bahwa mungkin kondisi saya tidak separah yang saya takutkan. Namun kenyamanan ini tidak bertahan lama, karena ketika saya kembali mempertimbangkan diri saya sendiri, tanpa perbandingan, saya tidak menemukan pijakan yang kokoh untuk berdiri.

Ada juga saat-saat ketika saya lebih sungguh-sungguh berdoa, berpikir bahwa jika saya dapat berbicara dengan benar, atau merasakan lebih dalam, saya mungkin dapat lebih dekat dengan apa yang saya cari. Namun bahkan di sini saya menemukan kesulitan, karena doa-doa saya sering kali kacau, kata-kata saya tidak pasti, dan hati saya tidak sepenuhnya terlibat. Dan ini membuat saya semakin ragu, karena saya mulai mempertanyakan apakah pencarian saya pun sudah tepat.

Demikianlah aku terombang-ambing antara usaha dan kekecewaan, kadang-kadang berpikir bahwa aku telah memperoleh sesuatu, dan tak lama kemudian menyadari bahwa aku tidak memperoleh apa pun. Aku akan bertekad, lalu goyah; memulai, lalu lelah; terus maju, lalu mundur lagi. Dan ketidakkonsistenan ini sendiri menjadi beban, karena aku tidak dapat bergantung pada tekadku sendiri, atau mempercayai kekuatan yang kumiliki saat memulainya.

Yang belum saya pahami adalah bahwa saya mencari kelegaan tanpa menyerah, dan kedamaian tanpa pasrah. Saya berupaya memperbaiki apa yang dapat saya lihat, namun tidak melepaskan apa yang mengatur apa yang tidak dapat saya lihat. Saya menginginkan manfaat perubahan, tetapi bukan kematian diri yang darinya perubahan sejati harus datang. Dan karena itu semua upaya saya, meskipun sebagian tulus, pada dasarnya salah arah.

Lalu apa yang harus dilakukan seseorang ketika ia telah berusaha memperbaiki dirinya sendiri, namun mendapati bahwa ia tidak dapat mencapai apa pun? Ketika ia telah berpegang pada agama sebagai obat, namun mendapati bahwa agama tidak menyembuhkannya? Ketika ia telah berupaya untuk menjadi berbeda, namun tetap sama? Hal-hal ini tidak membuatku tenang, tetapi justru menunjukkan kepadaku dengan lebih jelas bahwa aku belum sampai pada tempat di mana kelegaan sejati dapat ditemukan.

Demikianlah aku terus berada dalam kondisi kerja keras ini untuk beberapa waktu, melakukan banyak hal, namun tidak sampai ke mana pun; mencari dengan sungguh-sungguh, namun tidak menemukan; memperbaiki diri secara lahiriah, namun tetap tidak berubah secara batiniah. Karena sampai seseorang tidak hanya menyadari kondisinya, tetapi juga menyerahkan dirinya sepenuhnya, ia mungkin berusaha lama dan hanya mencapai sedikit, dan dalam semua usahanya tetap jauh dari apa yang dicarinya. Dan aku, meskipun sangat sibuk, belum juga menyerah.

TITIK INFLEKSI

Pertanyaan untuk Pengamatan Jujur

Jangan terburu-buru menjawab pertanyaan-pertanyaan ini. Biarkan pertanyaan-pertanyaan ini mengungkap di mana upaya telah menggantikan sikap mengalah.

1. Di bagian mana dalam hidup Anda, Anda pernah menanggapi rasa takut dengan mencoba memperbaiki diri daripada menyerah?

Apa yang mulai Anda "lakukan" untuk merasakan kelegaan?

2. Perubahan lahiriah apa yang telah Anda lakukan yang tidak menyentuh apa yang terjadi di dalam diri Anda? Di mana terjadi perubahan perilaku—tetapi bukan keinginan?
3. Dengan cara apa Anda mengandalkan disiplin, struktur, atau aktivitas keagamaan untuk menenangkan sesuatu yang lebih dalam? Apa yang gagal disentuh oleh upaya-upaya tersebut?
4. Pernahkah Anda menemukan kenyamanan sementara dengan membandingkan diri Anda dengan orang lain? Apa yang terjadi ketika perbandingan itu dihilangkan?
5. Bagaimana pengalaman Anda berdoa ketika Anda mencoba memperbaiki diri? Apakah Anda merasakan gangguan, tekanan, atau ketidakpastian?
6. Di mana Anda pernah mengalami siklus antara usaha dan kekecewaan—bertekad, lalu goyah, memulai lagi, lalu kehilangan kekuatan? Apa yang diungkapkan oleh pola tersebut?
7. Apa yang masih Anda pegang teguh secara internal sementara Anda mencoba berubah secara eksternal? Apa yang belum Anda lepaskan?
8. Dengan cara apa Anda menginginkan hasil dari perubahan—tetapi menolak penyerahan diri yang diperlukan untuk itu?
9. Apa artinya, dalam satu area kehidupan Anda, untuk berhenti mencoba mengendalikan diri dan malah menyerahkan kendali sepenuhnya?

Orientasi Lembut untuk Pembaca

Usaha bisa terasa seperti kemajuan.
Tetapi usaha tanpa menyerah jarang menghasilkan perubahan.
Ia dapat menyempurnakan apa yang terlihat
tanpa mengubah apa yang mengaturnya.

Anda tidak diminta untuk berhenti mencari.
Anda diminta untuk memperhatikan di mana Anda masih menahan diri.
Karena sampai penyerahan diri dimulai,
upaya akan terus berlanjut—dan bantuan akan tetap berada di luar jangkauan.

Bab 5 — Suara-Suara dalam Pikiran, Perang dalam Jiwa

Keraguan, Tuduhan, dan Perjuangan untuk Kepastian

Saat aku terus berjuang dalam kondisi ini, berusaha dengan berbagai cara untuk menenangkan ketakutanku dan memperbaiki hidupku, aku mendapati bahwa alih-alih kedamaian, muncul konflik baru yang lebih mengganggu dalam diriku, bukan hanya dalam apa yang kulakukan, tetapi juga dalam apa yang kupikirkan, sehingga pikiranku sendiri menjadi tempat yang gelisah, dan aku bahkan tidak bisa beristirahat di dalam diriku sendiri. Sebab, di mana sebelumnya aku bergumul dengan perilaku lahiriah, kini aku harus berjuang melawan suara-suara batin yang tidak mudah menyerah.
Muncul dalam pikiran saya beberapa saran, sebagian halus, sebagian lagi tajam dan menusuk, yang tidak dapat saya terima sepenuhnya maupun tolak sepenuhnya, tetapi tetap melekat pada saya, menekan saya dengan kekuatan yang tidak saya mengerti. Terkadang saran-saran itu menuduh saya secara terang-terangan, memaparkan dosa-dosa saya sedemikian rupa sehingga saya tidak dapat menyangkalnya; di lain waktu, saran-saran itu mempertanyakan saya, menanyakan apakah masih ada harapan sama sekali bagi seseorang dalam kondisi saya, dan apakah saya belum berada di luar jangkauan belas kasihan.

Pikiran-pikiran ini tidak datang sebagai sesuatu yang asing, tetapi seolah-olah mereka memiliki hak atas diriku, karena mereka berbicara dengan cara yang tampaknya sesuai dengan apa yang kutakutkan, dan dengan demikian dengan mudah masuk ke dalam pikiranku. Dan meskipun aku berusaha untuk menolaknya, aku mendapati bahwa penolakan saja

tidak menghilangkan mereka, tetapi seringkali tampaknya memberi mereka kekuatan yang lebih besar, sehingga semakin aku berusaha untuk membungkam mereka, semakin mereka kembali.
Kadang-kadang, saya merasa seperti mendengar semacam perdebatan dalam diri saya sendiri, seolah-olah dua suara yang bertentangan beradu argumen—satu menyarankan bahwa mungkin masih ada harapan, dan yang lain bersikeras bahwa tidak ada harapan sama sekali. Dan saya, karena ragu-ragu, tertarik pada satu suara, lalu pada suara yang lain, sehingga saya tidak dapat menetapkan pilihan pada salah satunya, tetapi tetap berada dalam keadaan terpecah terus-menerus, tidak tahu mana yang harus dipercaya.

Pergulatan batin ini tidak membuatku tetap sama, tetapi sangat membebani diriku, karena aku mulai kehilangan kepercayaan bukan hanya pada kondisiku, tetapi juga pada penilaianku sendiri, tidak tahu apakah yang kupikirkan itu benar, atau apakah aku tertipu bahkan dalam pencarianku. Dan ini menambah masalahku, karena jika aku tidak dapat mempercayai pikiranku sendiri, lalu ke mana aku harus berpaling?
Ada saat-saat ketika beberapa kata dalam Kitab Suci datang kepada saya dengan sedikit pencerahan, menunjukkan bahwa belas kasihan mungkin masih ada, dan bahwa belum semuanya hilang. Tetapi bahkan hal-hal ini dengan cepat diikuti oleh pikiran-pikiran lain yang mempertanyakan penerapannya pada diri saya, bertanya apakah janji-janji tersebut hanya berlaku untuk orang lain, dan bukan untuk saya. Dan demikianlah apa yang tampaknya memberi penghiburan sesaat segera diambil kembali.

Yang paling menyedihkan bagiku adalah pikiran-pikiran ini tidak tetap berada di kejauhan, tetapi seolah muncul dari dalam diriku, sehingga aku tidak mudah membedakan apakah itu benar-benar milikku, atau sesuatu yang dipaksakan kepadaku. Dan ini menyebabkan kebingungan besar bagiku, karena aku takut jika itu milikku, maka aku lebih buruk dari yang kubayangkan; dan jika bukan, aku tidak tahu bagaimana cara menyingkirkannya.

Lalu apa yang harus dilakukan, ketika seseorang tidak hanya terganggu oleh apa yang telah dilakukannya, tetapi juga oleh apa yang dipikirkannya? Ketika pikirannya sendiri menjadi tidak pasti, dan dia tidak dapat memastikan apakah dia sedang dituntun menuju kebenaran atau malah semakin terjerumus ke dalam kesalahan? Ketika bahkan upayanya untuk mencari pertolongan terganggu oleh suara-suara yang mempertanyakan kemungkinan pertolongan itu sendiri? Hal-hal ini tidak mengeluarkan saya dari masalah saya, tetapi malah membawa saya lebih dalam ke dalamnya.

Demikianlah aku terus berada dalam peperangan batin ini, di mana tuduhan dan ketidakpastian bertemu, dan aku terperangkap di antara keduanya, tidak tahu bagaimana memperoleh kepastian, atau bagaimana melepaskan diri dari keraguan. Karena ketika seseorang terpecah dalam dirinya sendiri, dan tidak dapat menemukan kesepakatan bahkan dalam pikirannya sendiri, ia tidak mudah untuk tenang, tetapi tetap dalam konflik sampai sesuatu yang lebih besar dari dirinya sendiri menyelesaikan apa yang tidak dapat ia selesaikan. Dan aku, pada saat ini, belum menemukan penyelesaian itu.

TITIK INFLEKSI

Pertanyaan untuk Pengamatan Jujur

Jangan terburu-buru menjawab pertanyaan-pertanyaan ini. Biarkan pertanyaan-pertanyaan itu tetap belum terjawab, seperti halnya bab itu sendiri.

1. Pernahkah Anda mengalami pikiran yang terasa bukan sepenuhnya milik Anda—namun terus menghantui

Anda?
Bagaimana pikiran-pikiran itu muncul?

2. Jenis suara batin apa yang cenderung mendominasi ketika Anda merasa gelisah—menuduh, mempertanyakan, atau mengecilkan hati?
   Apa yang paling sering mereka ulangi?
3. Pernahkah Anda merasa terjebak di antara dua pemikiran yang bertentangan—satu menawarkan harapan, yang lain menyangkalnya?
   Mana yang cenderung Anda percayai?
4. Ketika keyakinan atau kebenaran datang kepada Anda, seberapa cepat hal itu disusul oleh keraguan atau pertentangan?
   Apa yang terjadi dalam transisi itu?
5. Pernahkah Anda mempertanyakan apakah janji-janji dalam Kitab Suci berlaku untuk Anda secara pribadi?
   Apa yang membuat Anda merasa dikucilkan?
6. Dengan cara apa saja Anda mencoba menolak pikiran-pikiran yang mengganggu—hanya untuk menemukan bahwa penolakan tersebut justru membuat pikiran-pikiran itu semakin kuat?
7. Apakah Anda mempercayai penilaian Anda sendiri ketika Anda berada di bawah tekanan internal?
   Atau apakah Anda mulai meragukan bahkan kemampuan Anda untuk membedakan kebenaran?
8. Pernahkah Anda bertanya-tanya apakah perjuangan Anda berasal dari dalam diri Anda—atau dari sesuatu yang memengaruhi Anda?
   Bagaimana ketidakpastian itu memengaruhi Anda?
9. Bagaimana rasanya ketika pikiranmu sendiri menjadi tempat yang tak bisa kamu tenangkan?

Orientasi Lembut untuk Pembaca

Tidak semua konflik bersifat eksternal.
Ada saat-saat ketika pergumulan itu bergeser ke dalam diri—ke dalam pikiran, interpretasi, dan persepsi.
Dan ketika itu terjadi, kepastian menjadi sulit.

Anda belum diminta untuk menyelesaikan suara-suara tersebut.
Hanya untuk mengenali konflik yang ada.
Karena ketika pikiran itu sendiri terpecah,
perdamaian tidak bisa dipaksakan—melainkan harus diberikan.

Bab 6 — Penjara yang Menjelaskan Segalanya

Ketika Tuhan Mencabut Kebebasan untuk Mengungkap Kebenaran

Setelah lama bergelut dalam konflik batin ini, diganggu oleh ketakutan, diserang oleh keraguan, dan lelah dengan upaya saya sendiri untuk menemukan kedamaian, datanglah suatu kondisi yang pada awalnya tidak saya mengerti, tetapi yang pada akhirnya terbukti lebih bermanfaat bagi saya daripada semua yang telah terjadi sebelumnya. Karena saya dibawa ke suatu tempat di mana kebebasan lahiriah saya dibatasi, dan saya tidak lagi dapat berbuat sesuka hati, atau mengalihkan perhatian saya dengan hal-hal yang pernah menyibukkan saya.

Pada awalnya, keterkurungan ini terasa seperti kesulitan tambahan bagiku, seolah-olah masalahku bertambah daripada berkurang, karena aku mendapati diriku tidak hanya terbebani dari dalam, tetapi sekarang juga terbatas dari luar. Aku tidak bisa melarikan diri dari pikiranku, dan aku juga tidak bisa menyibukkan diri untuk menghindarinya. Apa yang dulunya terganggu oleh gerakan kini menjadi konstan oleh keheningan, dan apa yang sebelumnya kusingkirkan kembali kepadaku dengan kekuatan yang lebih besar.

Dalam kondisi ini, saya mulai menyadari bahwa sebagian besar dari apa yang saya sebut pencarian sebenarnya adalah penghindaran, dan bahwa aktivitas saya sebelumnya lebih banyak menunda pemahaman saya daripada memajukannya. Karena meskipun saya bebas bergerak, saya juga bebas untuk berpaling, menyibukkan diri, menenangkan pikiran saya tanpa menyelesaikannya. Tetapi sekarang, setelah dibawa ke tempat di mana saya tidak dapat dengan mudah melarikan diri, saya dipaksa untuk menghadapi apa yang telah lama saya pendam tetapi belum sepenuhnya saya pertimbangkan.

Pertanyaan-pertanyaan yang dulu datang dan pergi kini tetap ada, dan aku tidak bisa mengabaikannya seperti sebelumnya. Aku kembali terdorong untuk mempertimbangkan kondisiku, bukan dengan enteng atau sambil lalu, tetapi dengan keseriusan yang tidak memungkinkanku untuk berpaling. Dan ini, meskipun tidak menyenangkan bagiku, mulai menunjukkan kepadaku dengan lebih jelas apa yang belum kulihat—bahwa masalahku bukanlah kebetulan, atau sementara, tetapi berakar pada sesuatu yang membutuhkan lebih dari sekadar usaha untuk diselesaikan.

Ada saat-saat ketika saya ingin kembali ke keadaan saya sebelumnya, bukan karena lebih baik, tetapi karena lebih mudah, karena meskipun saya tidak menemukan kedamaian di sana, setidaknya saya menemukan hiburan. Tetapi sekarang, setelah terlepas dari itu, saya tidak bisa lagi berpura-pura bahwa saya merasa nyaman, dan saya juga tidak bisa meyakinkan diri sendiri bahwa waktu saja akan mengubah kondisi saya. Apa yang telah saya tunda kini ada di hadapan saya, dan saya tidak bisa menghindarinya.

Dalam keheningan ini, saya mulai menyadari bahwa semua upaya saya sebelumnya telah gagal karena satu alasan—bahwa saya belum pernah benar-benar mencapai titik akhir dari diri saya sendiri. Saya telah mencoba untuk memperbaiki, mengoreksi, mengelola, berargumentasi, dan melawan, tetapi saya belum menyerah. Saya telah mencari perubahan tanpa menyerah, kelegaan tanpa kepatuhan, dan kedamaian tanpa melepaskan apa yang menghalangi saya dan itu. Dan sekarang, setelah berada di tempat di mana kekuatan saya tidak dapat membantu saya, saya mulai melihat bahwa apa yang tidak dapat saya lakukan harus dilakukan dengan cara lain.

Hal ini tidak langsung memberi saya kenyamanan, tetapi memberi saya kejelasan, dan kejelasan itu, meskipun tajam, jauh lebih berharga daripada semua kebingungan saya sebelumnya. Karena sekarang saya mengerti bahwa masalahnya bukan terletak pada berbuat lebih banyak, tetapi pada berhenti dari apa yang telah saya percayai. Bukan karena saya tidak mencoba, tetapi karena saya mencoba dengan cara yang salah, dan selama saya terus seperti itu, saya tidak dapat mencapai apa yang saya cari.

Lalu apa yang harus dilakukan, ketika seseorang sampai pada titik di mana ia tidak lagi dapat mengandalkan dirinya sendiri, dan mendapati bahwa semua cara lamanya telah gagal? Ketika ia kehilangan, bukan hanya kesempatan, tetapi juga kepercayaan pada kemampuannya sendiri? Ketika ia melihat dengan jelas bahwa apa yang dibutuhkannya tidak dapat dihasilkan oleh uṣahanya sendiri? Hal-hal ini belum menyelesaikan kondisi saya, tetapi membawa saya ke titik di mana saya tidak lagi dapat menipu diri sendiri.

Maka untuk sementara waktu aku tetap berada di bawah pengekangan ini, belum terbebas, tetapi tidak lagi seperti sebelumnya, karena meskipun aku belum menemukan kedamaian, aku telah sampai pada akhir perjuanganku sendiri, dan ini, meskipun terasa seperti kehilangan, sebenarnya adalah awal dari sesuatu yang belum kuketahui. Karena ketika seseorang direndahkan hingga menyadari bahwa ia tidak dapat mengangkat dirinya sendiri, ia lebih dekat kepada pertolongan daripada ketika ia berpikir ia dapat berdiri sendiri.

TITIK INFLEKSI

Pertanyaan untuk Pengamatan Jujur

Jangan terburu-buru menjawab pertanyaan-pertanyaan ini. Biarkan pertanyaan-pertanyaan itu meresap hingga Anda tidak lagi bisa melewatinya.

1. Apa yang terjadi dalam hidup Anda yang terganggu atau dibatasi dengan cara yang tidak Anda pilih? Apa yang telah diungkapkan oleh keterbatasan tersebut?
2. Ketika gangguan dihilangkan, pikiran atau realitas apa yang kembali dengan kekuatan yang lebih besar? Apa yang selama ini berhasil Anda hindari?
3. Dengan cara apa aktivitas Anda—kesibukan, pergerakan, usaha—sebenarnya telah menunda menghadapi sesuatu yang lebih dalam?
4. Pernahkah Anda salah mengira pergerakan sebagai kemajuan dalam kehidupan spiritual Anda? Apa yang Anda hindari saat bergerak?
5. Apa yang menjadi tak terhindarkan ketika Anda tidak lagi mampu mengalihkan perhatian Anda?
6. Di bagian mana Anda telah berulang kali mencoba memperbaiki, mengelola, atau meningkatkan diri Anda—namun tidak menemukan perubahan yang berkelanjutan?
7. Apa artinya bagi Anda jika Anda sampai pada titik akhir kemampuan Anda untuk mengatasi kondisi Anda sendiri?
   Bukan secara teori—tetapi dalam kenyataan.
8. Apa yang masih Anda pegang sebagai alat kontrol, meskipun Anda menyadari bahwa itu tidak berhasil?
9. Jika apa yang Anda butuhkan tidak dapat diproduksi dengan usaha Anda sendiri, apa yang mengharuskan Anda untuk melepaskannya?

Orientasi Lembut untuk Pembaca

Ada saat-saat ketika gerakan dihilangkan—
bukan untuk menyakiti Anda, tetapi untuk mengungkapkan diri Anda.
Apa yang terasa seperti pembatasan
sering kali mengungkap apa yang disembunyikan oleh pengalihan perhatian.

Anda belum diminta untuk menyelesaikan apa pun.
Anda sedang dibawa ke titik di mana solusi mandiri berakhir.
Karena kejelasan sering kali datang
ketika semua pilihan lain telah gagal.
Dan meskipun terasa seperti kehilangan,
ini mungkin pijakan jujur pertama yang pernah Anda rasakan.

BAGIAN 2 PENDAHULUAN

Perjalanan yang Tak Bisa Lagi Anda Hindari

Ketika Cerita Berhenti Menjadi Sebuah Cerita

Ada titik di mana pemahaman saja tidak lagi cukup, bukan karena kurang jelas, tetapi karena mulai menuntut respons. Hingga saat ini, semuanya masih bisa diamati. Anda bisa mengenali pola, menyetujui kebenaran, dan mengidentifikasi dengan perjuangan tanpa harus bergerak. Anda bisa melihat sebagian diri Anda dalam cerita tanpa membiarkannya berhadapan langsung dengan Anda. Tetapi ada garis—seringkali halus dan jarang diumumkan—di mana pengamatan menjadi keterlibatan, dan Bagian 2 dimulai di garis itu.

Kisah Perjalanan Peziarah sering didekati sebagai cerita tentang orang lain—seorang pria yang meninggalkan rumahnya, menempuh jalan yang sulit, menghadapi rintangan, dan terus melanjutkan perjalanan hingga mencapai tujuannya. Ceritanya cukup sederhana untuk diikuti, tetapi tidak pernah ditulis untuk tetap berada dalam jarak tertentu. Pada suatu titik, pembaca diharapkan menyadari bahwa beban yang dipikul dalam cerita tersebut bukan hanya simbolis, tetapi sangat pribadi. Beban itu mewakili beratnya kesadaran akan sesuatu yang salah dan ketidakmampuan untuk menghilangkannya, kesadaran bahwa hidup tidak dapat terus berlanjut tanpa perubahan, dan kesadaran yang semakin tumbuh bahwa penundaan bukanlah hal yang netral lagi.

Di Bagian 1, kita tetap berada di ruang tempat segala sesuatu terbentuk. Di Bagian 2, pergerakan dimulai, dan pergerakan menghadirkan tekanan yang berbeda. Begitu seseorang mulai bergerak, kenyamanan terganggu, struktur yang familiar ditinggalkan, dan tantangan baru muncul. Apa yang dulunya terasa stabil mulai bergeser, dan apa yang dulunya tampak mudah dikelola mulai melawan. Di sinilah banyak orang berbalik—bukan karena jalannya tidak jelas, tetapi karena menjadi mahal.

Langkah pertama menjauh dari apa yang sudah dikenal seringkali terasa lebih sulit daripada tetap berada di tempat yang sama, sehingga alternatif pun muncul. Penundaan tampak masuk akal, ketaatan sebagian tampak cukup, dan suara-suara yang menjanjikan jalan yang lebih mudah mulai terdengar meyakinkan. Dinamika ini bukanlah hal baru; justru inilah yang diungkapkan oleh perjalanan tersebut. Bunyan tidak menyajikan kehidupan Kristen sebagai sebuah keputusan tunggal, tetapi sebagai sebuah jalan yang harus ditempuh—jalan di mana kemajuan tidak selalu terlihat, dorongan tidak selalu langsung, dan kejelasan tidak menghilangkan kesulitan. Namun demikian, jalan tersebut tetap sempit, bukan untuk membatasi, tetapi untuk menuntun dengan tepat.

Saat memasuki bagian ini, tahan keinginan untuk menafsirkan terlalu cepat atau mereduksi perjalanan menjadi konsep-konsep. Sebaliknya, biarkan pergerakan itu sendiri memunculkan sesuatu yang lebih personal. Pertimbangkan di mana Anda tetap diam ketika pergerakan diperlukan, apa yang Anda pegang teguh yang tidak dapat terus bersama Anda, dan suara mana yang Anda percayai hanya karena suara itu menawarkan kenyamanan daripada kebenaran.

Inilah titik di mana cerita mulai menekan ke dalam—bukan dengan keras atau paksa, tetapi secara bertahap—sampai apa yang pernah dibaca menjadi dikenali. Anda belum diminta untuk menyelesaikan perjalanan, tetapi Anda dibawa ke tempat di mana hal itu tidak dapat lagi diabaikan. Karena begitu beban itu terlihat jelas, tetap berada di tempat Anda sekarang tidak lagi sama seperti sebelumnya, dan pada titik itu, terlepas apakah Anda bergerak atau tidak, Anda telah memulai.

Bab 7 — Hari Ketika Beban Itu Menjadi Terlihat

Ketika Beban yang Selama Ini Kau Pikul Tak Bisa Lagi Diabaikan

Setelah saya sampai pada titik temu batin, setelah melihat kegagalan usaha saya sendiri dan kegelisahan yang tak kunjung hilang, tibalah saatnya ketika apa yang telah lama saya rasakan di dalam hati menjadi lebih jelas dan gamblang, sehingga saya tidak lagi dapat membicarakannya hanya sebagai masalah, tetapi mulai memahaminya sebagai beban yang terus saya pikul, baik saya mengakuinya atau tidak. Itu bukanlah sesuatu yang baru diberikan, tetapi sesuatu yang baru saya sadari.

Sebelumnya, saya menyadari bahwa ada sesuatu yang tidak beres, namun saya tidak menganggapnya sebagai sesuatu yang melekat pada diri saya secara tetap dan konstan. Saya menganggap kondisi saya sebagai sesuatu yang mungkin berubah seiring waktu, atau diringankan dengan usaha, atau diredakan dengan memperhatikan hal-hal lain. Tetapi sekarang, saya mulai memahami bahwa apa yang saya tanggung bukanlah sesuatu yang sesekali terjadi, melainkan terus-menerus, bukan ringan, melainkan berat, dan tidak mudah dihilangkan oleh apa pun yang berada dalam kekuasaan saya.

Pemandangan ini tidak datang dengan mudah, juga tidak membawa kenyamanan, karena melihat sesuatu dengan jelas seringkali lebih sulit daripada merasakannya secara samar-samar. Apa yang dulunya tidak pasti kini terbentang di hadapanku dengan lebih jelas, dan aku tidak lagi dapat meyakinkan diriku sendiri bahwa kondisiku kecil, atau bahwa itu dapat diabaikan. Aku melihat bahwa itu tidak hanya ada, tetapi melekat padaku, dan ke mana pun aku pergi, itu juga ikut serta.

Ada kalanya aku ingin mengalihkan pikiranku dari hal itu, seperti yang pernah kulakukan sebelumnya, tetapi aku mendapati bahwa aku tidak dapat melakukannya dengan sukses yang sama, karena hal itu kembali menghantuiku dengan semacam kegigihan yang tidak memungkinkanku untuk melupakannya dalam waktu lama. Bahkan di saat-saat ketika aku sedang sibuk dengan hal-hal lain, tetap ada perasaan dalam diriku bahwa ada sesuatu yang belum terselesaikan, dan bahwa apa yang kubawa belum sepenuhnya hilang.

Dalam hal ini, saya mulai menyadari bahwa kondisi saya tidak tersembunyi, meskipun saya telah hidup seolah-olah demikian, melainkan bahwa saya sebenarnya belum melihatnya sebagaimana adanya. Dan ini membawa serta kesadaran lebih lanjut, bahwa jika saya sekarang dapat melihatnya, maka itu selalu ada, meskipun saya tidak mengakuinya. Dan ini membuat saya semakin sulit menanggungnya, karena saya tidak dapat lagi mengatakan bahwa saya tidak tahu apa-apa, tetapi mengetahui sebagian dari apa yang sebelumnya saya abaikan.

Muncul pula dalam diri saya perasaan yang semakin kuat bahwa beban ini tidak dimaksudkan untuk dipikul selamanya, namun saya tidak tahu bagaimana cara menyingkirkannya. Saya tidak dapat menghilangkannya dengan usaha, seperti yang telah saya coba, dan saya juga tidak dapat mengabaikannya, seperti yang telah saya lakukan sebelumnya. Beban itu tetap bersama saya, bukan sebagai sesuatu yang saya pilih, tetapi sebagai sesuatu yang saya tanggung, dan saya mulai mengerti bahwa jika beban itu ingin dihilangkan, itu harus melalui cara lain selain cara saya sendiri.

Lalu apa yang harus dilakukan seseorang, ketika ia melihat dengan jelas apa yang dipikulnya, namun tidak dapat meletakkannya? Ketika ia tahu bahwa kondisinya nyata, namun tidak tahu bagaimana mengubahnya? Ketika apa yang dulunya samar menjadi jelas, dan apa yang dulunya jauh menjadi dekat? Hal-hal ini belum menunjukkan jalan ke depan, tetapi hal-hal ini menghilangkan ilusi bahwa aku dapat tetap seperti apa adanya.

Sebab ada perbedaan antara merasa gelisah dan melihat dengan jelas, dan begitu seseorang telah melihat, ia tidak dapat kembali ke keadaan tidak melihat. Apa yang telah diungkapkan kepadaku tidak dapat dibatalkan, juga tidak dapat dikecilkan lagi. Itu tetap ada di hadapanku, bukan sebagai kekhawatiran yang berlalu, tetapi sebagai kenyataan yang terus-menerus, menekan diriku dengan kekuatan yang tenang namun tak kenal lelah.

Maka aku melanjutkan perjalanan dari titik ini, bukan lagi sebagai seseorang yang hanya merasa gelisah, tetapi sebagai seseorang yang memikul beban yang kukenal, yang tidak dapat kusangkal maupun kuhilangkan. Dan meskipun aku belum mengambil langkah-langkah yang akan membawaku menjauh dari beban itu, aku telah sampai pada titik di mana tetap seperti ini tampaknya tidak mungkin lagi, karena ketika seseorang melihat apa yang dipikulnya, ia sudah berada di ambang pergerakan, siap atau tidak siap untuk mengambil langkah itu.

TITIK INFLEKSI

Pertanyaan untuk Pengamatan Jujur

Jangan terburu-buru menjawab pertanyaan-pertanyaan ini. Biarkan pertanyaan-pertanyaan tersebut mengungkap apa yang mungkin sudah ada.

1. Apa yang telah berubah dalam hidup Anda dari rasa tidak nyaman yang samar menjadi sesuatu yang terdefinisi dengan jelas?

Apa yang sekarang dapat Anda lihat yang sebelumnya tidak dapat—atau tidak mau—Anda sebutkan?

2. Sejauh mana Anda beralih dari perasaan bahwa "ada sesuatu yang salah" menjadi mengetahui apa sebenarnya masalahnya?
   Apa yang menjadi lebih spesifik?
3. Apa yang selama ini Anda coba anggap sebagai sesuatu yang sementara—tetapi sekarang Anda sadari sebagai sesuatu yang berkelanjutan?
4. Dengan cara apa Anda menyadari bahwa apa yang Anda bawa telah bersama Anda lebih lama dari yang Anda akui?
   Yang berubah bukanlah keberadaannya—tetapi kesadaran Anda.
5. Apa yang sekarang Anda lihat dengan jelas sehingga tidak dapat lagi Anda remehkan, tafsirkan ulang, atau abaikan?
6. Di mana Anda pernah mencoba mengabaikan sesuatu—hanya untuk mendapati hal itu kembali dengan kegigihan yang tenang?
7. Apa yang Anda pikul yang tidak dapat Anda singkirkan dengan usaha, disiplin, atau niat?
8. Apa artinya mengakui sepenuhnya apa yang Anda lihat—tanpa memperhalusnya atau berpaling?
9. Di titik mana Anda merasa bahwa tetap menjadi diri Anda saat ini bukanlah hal yang benar-benar mungkin lagi?

Orientasi Lembut untuk Pembaca

Kejelasan mengubah segalanya.
Apa yang dulunya tidak pasti menjadi jelas.
Apa yang dulunya jauh menjadi nyata.
Dan begitu sesuatu terlihat,
ia tidak bisa dilupakan.
Anda belum diminta untuk bertindak.
Tetapi Anda tidak lagi berada di tempat Anda sebelumnya.

Karena ketika beban itu terlihat,
bergerak bukan lagi pilihan seperti sebelumnya.
Sekalipun belum ada langkah yang diambil,
sesuatu telah dimulai.

Bab 8 — Meninggalkan Apa yang Tidak Dapat Anda Bawa Bersama Anda

Biaya Langkah Pertama Menjauh dari Zona Nyaman

Setelah saya menyadari dengan lebih jelas beban yang saya pikul, dan tidak lagi dapat menyangkal keberadaannya atau mengurangi beratnya dengan upaya apa pun dari diri saya sendiri, muncul dalam diri saya perasaan yang semakin kuat bahwa saya tidak dapat melanjutkan seperti yang telah saya lakukan, atau tetap berada di jalur yang sama tanpa menambah masalah yang sudah menimpa saya. Bukan berarti saya telah memutuskan apa yang harus dilakukan, tetapi saya mulai memahami bahwa sesuatu harus ditinggalkan jika saya ingin bergerak maju.

Kesadaran ini tidak datang tanpa perlawanan, karena apa yang harus saya tinggalkan bukan hanya hal yang salah, tetapi juga hal yang sudah terbiasa. Kebiasaan saya sebelumnya, meskipun sekarang memberatkan, masih saya kenal, dan di dalamnya saya menemukan semacam kenyamanan, bukan kedamaian, tetapi kebiasaan. Dan untuk meninggalkan kebiasaan ini bukanlah hal yang mudah, karena hal itu mengharuskan saya untuk menjauh dari apa yang saya pahami dan melangkah ke apa yang tidak saya pahami.
Ada juga ikatan yang mengikatku, bukan hanya dalam tindakanku, tetapi juga dalam identitasku, karena aku telah lama menganggap diriku dengan cara tertentu, dan meninggalkan itu terasa seolah-olah aku harus menjadi sesuatu yang belum kukenal. Siapa aku di antara orang lain, siapa aku bagi diriku sendiri, dan apa yang telah menjadi kebiasaanku—semua ini berdiri di hadapanku sebagai hal-hal

yang tidak dapat terus berlanjut tanpa perubahan jika aku ingin mengejar apa yang sekarang kulihat.

Terkadang, aku menunda, beralasan dalam hati bahwa aku mungkin masih bisa memikul keduanya—bahwa aku bisa berpegang pada apa yang telah kuketahui sambil juga mencari kelegaan dari apa yang mengganggku. Tetapi aku menemukan bahwa ini tidak mungkin, karena semakin aku memikirkannya, semakin jelas bahwa apa yang kupikul dan di mana aku berada tidak bisa berjalan bersamaan. Beban itu tidak menjadi lebih ringan saat aku tetap tinggal, dan jalan pun tidak menjadi lebih jelas saat aku ragu-ragu.

Ada juga suara-suara—tidak hanya dari dalam, tetapi juga dari luar—yang mendesak saya untuk tetap seperti apa adanya, menyarankan bahwa apa yang saya anggap perlu terlalu ekstrem, atau bahwa saya mungkin dapat menemukan cara lain yang membutuhkan perubahan yang lebih sedikit. Suara-suara ini tidak selalu menentang saya secara langsung, tetapi sering berbicara dengan cara yang tampak masuk akal, menawarkan penundaan sebagai pengganti keputusan, dan kenyamanan sebagai pengganti kebenaran.

Namun, bahkan saat aku mendengarkan, tetap ada kesadaran yang tenang dalam diriku bahwa suara-suara itu tidak menyelesaikan kondisiku, melainkan hanya menundanya. Karena apa yang telah kulihat tidak dapat dilupakan, dan apa yang telah kupahami tidak akan membiarkanku beristirahat dalam apa yang pernah kuterima. Semakin aku mempertimbangkan untuk tetap tinggal, semakin aku merasakan beban itu bertambah, seolah-olah beban itu sendiri mendorongku menuju langkah yang belum kuambil.
Lalu apa yang harus dilakukan seseorang ketika ia menyadari bahwa tempat ia berdiri tidak mampu menopang arah yang harus ia tuju? Ketika ia tahu bahwa untuk maju ke depan ia harus meninggalkan bukan hanya apa yang berbahaya, tetapi juga apa yang nyaman? Ketika harga yang harus dibayar

bukan hanya apa yang hilang, tetapi juga apa yang harus ia capai? Hal-hal ini tidak membuat jalan menjadi lebih mudah, tetapi membuatnya lebih jelas.

Karena ada saatnya seseorang harus memilih, bukan antara yang mudah dan yang sulit, tetapi antara yang benar dan yang sudah dikenal. Dan meskipun keakraban berbicara dengan suara lembut, ia tidak dapat menghilangkan beban, juga tidak dapat menuntun seseorang ke tempat yang harus dituju. Keakraban hanya dapat menahannya di tempat ia berada sebelumnya, dan tempat ia berada sebelumnya tidak lagi memadai.

Maka aku berdiri di titik ini, belum sepenuhnya pergi, tetapi tidak lagi beristirahat di tempatku sebelumnya, menyadari bahwa apa yang kubawa tidak dapat terus bersamaku, dan bahwa jika aku ingin terbebas darinya, aku harus meninggalkan apa yang telah lama kupegang. Dan meskipun aku belum mengambil langkah penuh, aku telah sampai pada titik di mana harga yang harus dibayar telah diketahui, dan pilihan itu tidak dapat lagi dihindari.

TITIK INFLEKSI

Pertanyaan untuk Pengamatan Jujur

Jangan terburu-buru menjawab pertanyaan-pertanyaan ini. Biarkan pertanyaan-pertanyaan tersebut mendesak Anda di saat Anda paling cenderung menunda.

1. Apa dalam hidup Anda yang sekarang Anda lihat dengan jelas tidak dapat berlanjut bersama Anda—jika Anda ingin melangkah maju?
   Bukan apa yang sulit—tetapi apa yang tidak sesuai.
2. Di mana Anda mencoba untuk memegang dua arah sekaligus—tetap di tempat Anda berada sambil menginginkan perubahan?
   Ketegangan apa yang ditimbulkan oleh hal itu?

3. Apa yang paling sulit ditinggalkan—bukan karena itu benar, tetapi karena itu sudah familiar?
4. Dengan cara apa identitas Anda terkait dengan apa yang Anda tahu mungkin perlu Anda lepaskan? Siapa Anda sebenarnya tanpa itu?
5. Argumen apa yang Anda gunakan untuk menunda perubahan yang diperlukan? Apakah argumen tersebut terdengar masuk akal? Terukur? Masuk akal?
6. Suara apa—internal atau eksternal—yang mendorong Anda untuk tetap menjadi diri Anda? Apa yang mereka janjikan kepada Anda?
7. Saat Anda mempertimbangkan untuk tetap berada di tempat Anda sekarang, apakah beban terasa lebih ringan—atau lebih berat?
8. Berapa biaya yang harus Anda keluarkan untuk maju—tidak hanya secara eksternal, tetapi juga internal? Apa yang harus berubah dalam diri Anda, bukan hanya di sekitar Anda?
9. Di mana Anda merasa bahwa pilihan tersebut bukan lagi pilihan opsional, meskipun pilihan itu belum dibuat?

Orientasi Lembut untuk Pembaca

Kejelasan menghadirkan biaya.
Apa yang dulunya Anda bawa tanpa ragu
kini menjadi penghalang.
Dan apa yang dulunya terasa seperti stabilitas
kini terungkap sebagai keterbatasan.
Anda belum diminta untuk menyelesaikan langkah tersebut.
Tetapi Anda sedang dibawa ke tempat di mana hal itu tidak dapat dihindari.
Karena ada titik di mana kebenaran dan keakraban tidak dapat hidup berdampingan.

Dan ketika titik itu tercapai, tetap berada di tempat yang sama bukanlah hal yang netral lagi.
Anda mungkin belum pindah.
Tetapi keputusan itu sudah dimulai.

Bab 9 — Ketika Jalan Menjadi Lebih Sulit dari yang Diperkirakan

Guncangan dari Perjuangan Awal dan Godaan untuk Berbalik

Ketika aku sampai pada titik di mana aku tak bisa lagi tetap seperti semula, dan mulai, meskipun dengan sedikit ragu, menjauh dari apa yang telah lama kukenal, aku berpikir dalam hati bahwa mungkin sekarang aku bisa mulai menemukan sedikit ketenangan, setelah akhirnya mengarahkan pandanganku pada apa yang kuyakini benar. Namun, aku segera menyadari bahwa jalan yang kutempuh tidak membawa kelegaan yang kuharapkan, melainkan malah memperkenalkan kesulitan-kesulitan baru yang tak kuduga sebelumnya.

Karena sebelumnya aku merasa gelisah karena harus tinggal, kini aku gelisah karena harus bergerak, dan beban yang kuharap akan berkurang malah mulai menekan diriku dengan cara yang berbeda. Hal-hal yang kutinggalkan tidak lagi menahanku seperti sebelumnya, namun apa yang terbentang di depan belum menyambutku dengan nyaman, sehingga aku mendapati diriku berada di tempat di antara keduanya, di mana aku tidak dapat kembali dengan tenang maupun melanjutkan perjalanan tanpa kesulitan.

Hal ini sangat mengganggu saya, karena saya mengira bahwa memulai dengan benar akan membawa serta rasa kemajuan yang langsung terasa, atau setidaknya pengurangan beban yang telah mendorong saya maju. Tetapi sebaliknya, saya mendapati bahwa tindakan bergerak itu sendiri justru mengungkap kelemahan baru dalam diri saya, dan apa yang tidak saya lihat saat saya diam menjadi jelas saat saya berjalan.

Ada saat-saat ketika saya mempertanyakan apakah saya telah memahami dengan benar sama sekali, bertanya-tanya apakah mungkin saya telah salah memahami kondisi saya, atau mengambil jalan yang tidak diperlukan. Karena jika jalan yang telah saya tempuh memang benar , mengapa jalan itu ditandai dengan begitu banyak kesulitan di awal? Mengapa langkah-langkah pertama terasa lebih tidak pasti daripada langkah-langkah yang telah saya ambil sebelumnya?

Pikiran-pikiran ini tidak hanya sekadar pertimbangan sementara, tetapi kembali dengan kekuatan yang semakin meningkat, menyarankan saya bahwa saya mungkin masih bisa berbalik dan mengambil kembali apa yang telah saya tinggalkan, dan dengan melakukan itu saya setidaknya bisa mendapatkan kembali ketenangan yang pernah saya miliki, meskipun tidak sempurna. Dan godaan ini tidak kecil, karena kenangan akan hal-hal yang familiar seringkali tampak lebih menarik daripada kenyataan yang sekarang ada di hadapan saya.

Namun, bahkan ketika aku mempertimbangkan hal ini, tetap ada dalam diriku kesadaran bahwa aku tidak dapat kembali seperti semula, karena meskipun aku mungkin kembali secara lahiriah, aku tidak dapat membatalkan apa yang telah kulihat di dalam hatiku. Beban itu, meskipun telah berubah ekspresinya, belum hilang, dan kejelasan yang datang kepadaku tidak memungkinkan aku untuk kembali menjadi seperti diriku sebelumnya tanpa gangguan.

Dalam hal ini, saya mulai menyadari bahwa kesulitan yang saya hadapi sekarang bukanlah pertanda bahwa saya telah mengambil jalan yang salah, melainkan bahwa saya akhirnya telah mengambil jalan yang benar. Karena ketika seseorang benar-benar mulai bergerak, ia tidak meninggalkan semua perjuangan, melainkan menghadapinya dalam bentuk yang berbeda. Apa yang dulunya tersembunyi menjadi terlihat, apa yang dulunya dihindari sekarang harus dihadapi, dan apa yang dulunya ditunda kini harus diselesaikan.

Lalu apa yang harus dilakukan seseorang, ketika jalan yang diyakininya akan membawanya maju justru menunjukkan betapa tidak siapnya dia untuk menempuhnya? Ketika permulaan terasa lebih tidak pasti daripada masa lalu yang ditinggalkannya? Ketika dia tergoda bukan karena jalan lama itu benar, tetapi karena lebih mudah? Hal-hal ini tidak terselesaikan dengan cepat, tetapi mengungkapkan apakah seseorang mencari kenyamanan atau kebenaran.

Maka aku melanjutkan perjalanan, meskipun tidak tanpa keraguan, karena menyadari bahwa jalan ke depan tidak menghilangkan perjuangan, tetapi mengharuskan aku untuk terus berjuang. Sebab, jalan yang telah dilalui tidak akan menyesuaikan diri dengan orang yang melewatinya, tetapi membentuk orang yang tetap berada di jalan itu. Dan meskipun aku belum menemukan ketenangan yang kuinginkan, aku telah menyadari bahwa berbalik arah tidak akan memulihkanku, dan bahwa apa pun yang ada di depan harus kuhadapi sambil terus melangkah.

TITIK INFLEKSI

Pertanyaan untuk Pengamatan Jujur

Jangan terburu-buru menjawab pertanyaan-pertanyaan ini. Biarkan pertanyaan-pertanyaan itu menemui Anda di titik di mana harapan dan kenyataan bertabrakan.

1. Pernahkah Anda mengambil langkah yang Anda yakini benar—hanya untuk menemukan bahwa segalanya menjadi lebih sulit, bukan lebih mudah? Apa yang Anda harapkan akan terjadi?
2. Di bagian mana pergerakan dalam hidup Anda telah mengungkap kelemahan yang tidak Anda sadari saat Anda tetap diam?

3. Dengan cara apa Anda berasumsi bahwa melakukan hal yang benar akan segera membawa kelegaan atau kejelasan?
   Apa yang terjadi sebaliknya?
4. Pernahkah Anda mempertanyakan keputusan Anda—bukan karena keputusan itu tidak jelas, tetapi karena keputusan itu menjadi sulit?
   Apa yang membuat Anda ragu karena kesulitan itu?
5. Kemudahan masa lalu apa yang membuat Anda tergoda untuk kembali—bukan karena itu benar, tetapi karena itu sudah familiar?
6. Saat Anda mempertimbangkan untuk kembali, apa sebenarnya yang Anda cari—kebenaran, atau kelegaan?
7. Perubahan apa yang terjadi dalam diri Anda sehingga Anda tidak mungkin kembali ke kehidupan Anda sebelumnya tanpa konflik batin?
8. Di mana Anda merasakan bahwa perjuangan bukanlah tanda kegagalan—melainkan sebuah pengungkapan?
   Apa yang sedang terungkap?
9. Apa artinya terus maju—bukan karena terasa lebih mudah, tetapi karena Anda tahu Anda tidak bisa mundur?

Orientasi Lembut untuk Pembaca

Awal dari suatu pergerakan seringkali membawa kejutan.
Apa yang diharapkan membawa kelegaan
justru memperlihatkan perlawanan.
Namun kesulitan tidak selalu berarti Anda salah.
Terkadang itu berarti Anda tidak lagi menghindar.
Anda tidak diminta untuk merasa yakin.
Anda diminta untuk terus jujur.
Karena begitu Anda telah melihat dengan jelas,
kembali tidak akan mengembalikan Anda seperti semula.

Dan jalan ke depan, meskipun sulit,
mungkin adalah jalan sejati pertama yang pernah Anda lalui.

Bab 10 — Suara-Suara yang Terdengar Benar tetapi Menyesatkan

Ketika Bimbingan Berubah Menjadi Jalan Memutar

Saat saya melanjutkan perjalanan ini, meskipun tidak tanpa kesulitan, muncul beberapa nasihat dan saran yang, pada awalnya, tampak menawarkan keringanan dari tekanan yang saya rasakan saat itu, dan seolah-olah menghadirkan jalan ke depan yang membutuhkan lebih sedikit konflik daripada yang sedang saya hadapi. Nasihat-nasihat ini tidak datang sebagai penentangan terbuka, tetapi sebagai alternatif yang masuk akal, tidak menentang apa yang saya cari, tetapi mengusulkan cara lain untuk mencapainya.

Ada suara-suara yang berbicara tentang kondisi saya dengan cara yang seolah memahaminya, mengakui beban yang saya pikul dan kesulitan jalan yang telah saya tempuh, namun juga menyarankan bahwa mungkin saya telah memikul lebih dari yang dibutuhkan. Mereka berpendapat bahwa mungkin ada cara yang lebih terukur, cara yang tidak menuntut urgensi seperti itu, atau menekan hati nurani terlalu berat, tetapi memungkinkan jalan yang lebih bertahap dan seimbang.

Kadang-kadang, saya merasa cenderung mendengarkan, karena suara-suara ini tidak memanggil saya kembali ke apa yang telah saya tinggalkan, tetapi menawarkan jalan yang tampaknya mengarah ke depan, meskipun dengan intensitas yang lebih rendah. Mereka berbicara tentang moderasi, kesabaran, dan tidak terbawa terlalu jauh oleh rasa takut atau intensitas, dan dalam hal ini tampaknya ada semacam kebijaksanaan yang tidak mudah diabaikan.

Namun, bahkan ketika saya mempertimbangkan hal-hal ini, tetap ada kegelisahan yang tenang dalam diri saya, karena meskipun apa yang dikatakan tampak masuk akal, itu tidak sepenuhnya mengatasi beban yang saya pikul, dan juga tidak menghilangkan urgensi yang pertama kali mendorong saya untuk bergerak. Itu lebih berbicara tentang kenyamanan saya daripada kondisi saya, dan meskipun menawarkan kelegaan dari tekanan, itu tidak membawa solusi atas apa yang mengganggu saya.

Ada juga saat-saat ketika saya terdorong untuk mempertimbangkan apakah saya dapat membentuk jalan hidup sesuai keinginan saya, mengambil apa yang tampak bermanfaat dan mengesampingkan apa yang tampak terlalu sulit, membayangkan bahwa saya mungkin masih dapat mencapai tujuan yang sama dengan cara yang lebih mudah. Dan pemikiran ini memiliki daya tarik tersendiri, karena menjanjikan kemajuan tanpa pengorbanan yang mulai saya rasakan.

Namun, ketika saya merenungkan hal-hal ini, saya mulai menyadari bahwa apa yang ditawarkan tidak membawa saya maju, melainkan sedikit menyimpang, dan meskipun perbedaannya pada awalnya tampak kecil, itu tidak akan tetap demikian. Karena jalan yang dimulai dengan kompromi tidak berakhir di tempat yang sama dengan jalan yang menuntut kepatuhan penuh, dan apa yang diperoleh dengan mudah di awal seringkali hilang dalam kebenaran pada akhirnya.

Lalu apa yang harus dilakukan seseorang, ketika suara-suara yang didengarnya tidak memanggilnya mundur, tetapi dengan lembut menuntunnya menjauh? Ketika kesalahan tidak tampak sebagai kebohongan, tetapi sebagai sesuatu yang hampir benar? Ketika jalan yang terbentang di hadapannya tidak disangkal, tetapi disesuaikan secara perlahan hingga tidak lagi membutuhkan apa yang awalnya dituntut? Hal-hal ini tidak mudah dipahami, karena hal-hal itu tidak bertentangan secara terbuka, tetapi membujuk secara halus.

Dari sini, saya memahami bahwa tidak semua petunjuk itu aman, dan apa yang sesuai dengan keinginan saya belum tentu benar. Sebab, jika saya mengikuti apa yang meringankan beban saya daripada apa yang menuntun saya, saya mungkin merasa nyaman untuk sementara waktu, namun tidak semakin dekat dengan apa yang saya cari. Dan meskipun jalan seperti itu tampak mudah, jalan itu tidak menghilangkan beban, tetapi hanya menunda beban penuhnya.

Maka aku sampai pada suatu tempat di mana aku harus memilih, bukan antara apa yang jelas benar dan apa yang jelas salah, tetapi antara apa yang benar dan apa yang lebih mudah, antara apa yang sesuai dengan kondisiku dan apa yang menenangkan perasaanku. Dan aku melihat bahwa jika aku ingin terus berada di jalan yang benar, aku tidak hanya harus meninggalkan apa yang telah kuketahui, tetapi juga menolak apa yang tampak bermanfaat tetapi tidak membawaku maju. Karena jalan itu, meskipun sempit, tidaklah tidak pasti—dan menyimpang darinya, bahkan sedikit pun, berarti kehilangan lebih banyak daripada yang kusadari pada awalnya.

TITIK INFLEKSI

Pertanyaan untuk Pengamatan Jujur

Jangan terburu-buru menjawab pertanyaan-pertanyaan ini. Biarkan pertanyaan-pertanyaan tersebut menguji apa yang terasa masuk akal, bukan hanya apa yang tampak jelas.

1. Bimbingan apa yang pernah Anda terima yang terdengar bijaksana—tetapi diam-diam mengurangi urgensi dari apa yang Anda tahu dibutuhkan?
2. Di mana Anda pernah ditawari versi kepatuhan yang lebih mudah—yang terasa seimbang, terukur, dan tidak terlalu menuntut?

3. Apa yang lebih menarik bagi Anda saat ini: terbebas dari tekanan, atau kesembuhan kondisi Anda? Jujurlah tentang perbedaannya.
4. Pernahkah Anda mengikuti sesuatu karena terasa masuk akal—meskipun hal itu tidak sepenuhnya menjawab apa yang Anda ketahui sebagai kebenaran?
5. Di mana Anda tergoda untuk mengubah arah—untuk mempertahankan apa yang nyaman dan mengesampingkan apa yang mahal?
6. Suara apa—internal atau eksternal—yang mendorong Anda untuk bergerak lebih lambat daripada yang dituntut oleh kebenaran? Seperti apa suara-suara itu?
7. Ketika sesuatu terasa "hampir benar," bagaimana Anda membedakan apakah itu benar-benar mengarah ke depan?
8. Bagian mana dari diri Anda yang lebih menyukai bimbingan yang sejalan dengan keinginan Anda daripada yang menantangnya?
9. Di bagian mana Anda merasa bahwa kompromi kecil sekarang justru dapat membawa Anda lebih jauh dari yang Anda perkirakan?

Orientasi Lembut untuk Pembaca

Tidak semua kesalahan muncul sebagai bentuk oposisi.
Sebagian darinya terjadi secara diam-diam—
menyesuaikan, melunakkan, dan mengarahkan kembali tanpa mengumumkannya.
Dan apa yang terasa masuk akal
belum tentu selalu benar.
Anda tidak diminta untuk menolak semuanya.
Anda diminta untuk membedakan dengan cermat.
Karena jalur tersebut tidak perlu ditolak
agar dapat diubah.
Dan apa yang dimulai sebagai penyimpangan kecil
tidak akan tetap kecil.

Bab 11 — Jalan Sempit yang Hanya Sedikit Orang yang Terus Berjalan

Pertempuran Tersembunyi, Kehilangan yang Diam-diam, dan Kemajuan yang Tak Terlihat

Setelah melewati kebingungan berbagai suara, dan mulai menyadari bahwa tidak semua yang terdengar benar memang benar, saya mendapati diri saya berada di jalan yang, meskipun arahnya lebih jelas, tidak menjadi lebih mudah untuk dilalui. Karena jalan di hadapan saya tidak lebar, juga tidak dipenuhi oleh banyak orang, melainkan tampak sempit dan terkadang sepi, sehingga saya tidak dapat mengandalkan kehadiran orang lain untuk memastikan bahwa saya sedang berjalan dengan benar.

Awalnya, saya mengira bahwa begitu jalan yang benar ditemukan, akan ada semacam dorongan di sepanjang jalan itu, atau setidaknya perasaan bahwa kemajuan akan terlihat dan memperkuat. Tetapi saya segera menyadari bahwa itu tidak demikian, karena meskipun saya terus berusaha, saya tidak selalu merasa bahwa saya maju, dan meskipun saya bekerja keras, saya tidak selalu merasa bahwa saya memperoleh sesuatu. Jalan itu membutuhkan ketekunan, namun tidak memberikan imbalan berupa kepastian langsung.

Ada saat-saat ketika saya mencari tanda-tanda bahwa saya semakin dekat dengan apa yang saya cari, tetapi hanya sedikit yang dapat saya tunjuk dengan pasti. Apa yang telah saya tinggalkan sudah jelas, tetapi apa yang akan saya alami belum sepenuhnya diketahui. Dan ini menyebabkan saya merasa tidak nyaman, karena saya bukan lagi diri saya yang dulu, namun belum sepenuhnya mantap dengan apa yang akan saya alami di masa depan.

Dalam hal ini, saya mulai memahami bahwa sebagian besar perjalanan tidak ditandai oleh perubahan lahiriah, tetapi oleh ketahanan batin. Karena meskipun tampaknya sedikit yang berubah di sekitar saya, di dalam diri saya ada dorongan terus-menerus untuk tetap tinggal, untuk tidak berpaling, untuk tidak kembali, dan untuk tidak menerima apa yang telah saya tolak. Dan ketahanan ini, meskipun tenang, bukanlah tanpa pengorbanan.

Ada kehilangan yang menyertai jalan ini, tidak selalu dalam hal-hal yang terlihat, tetapi dalam hal-hal yang dirasakan. Kemudahan yang pernah saya miliki telah hilang, keakraban yang pernah menjadi sandaran saya tidak lagi menopang saya, dan bahkan kenyamanan kepastian pun tidak selalu menyertai saya. Saya berjalan, tidak selalu dengan kejelasan, tetapi dengan semacam kebutuhan yang tidak mengizinkan saya untuk berhenti.

Kadang-kadang, saya mempertimbangkan apakah mungkin lebih baik untuk beristirahat, untuk berhenti sejenak dengan cara yang tidak membutuhkan usaha terus-menerus, atau untuk menetap di tempat yang tidak terlalu menuntut. Namun saya mendapati bahwa pikiran-pikiran seperti itu tidak membawa saya maju, melainkan menggoda saya menuju keheningan yang bukan kedamaian, melainkan stagnasi. Karena jalan yang saya tempuh tidak memungkinkan saya untuk tetap tanpa konsekuensi.

Yang saya sadari adalah bahwa jalan ini, meskipun sempit, bukanlah jalan yang tidak pasti, melainkan tepat. Jalan ini tidak melebar untuk mengakomodasi kelemahan saya, atau menyesuaikan diri dengan preferensi saya, tetapi mengharuskan saya untuk terus berada di dalamnya sebagaimana adanya. Dan meskipun ini terkadang tampak berat, saya mulai memahami bahwa kesempitannya bukanlah untuk menghalangi saya, tetapi untuk mencegah saya tersesat.

Lalu apa yang harus dilakukan seseorang, ketika jalan yang ditempuh sudah benar, namun tidak memberikan banyak dorongan? Ketika kemajuan tidak selalu terlihat, dan kekuatan tidak selalu terasa? Ketika ia harus terus maju, bukan karena ia yakin akan kemajuannya, tetapi karena ia tahu ia tidak dapat berbalik? Hal-hal ini menguji bukan apa yang diketahui seseorang, tetapi apa yang akan ia lakukan ketika mengetahui saja tidak cukup.

Maka aku melanjutkan perjalanan, bukan dengan keyakinan yang pernah kupikirkan akan kumiliki, tetapi dengan keteguhan yang lebih terbentuk oleh kebutuhan daripada perasaan, dan lebih oleh apa yang tak dapat kusangkal daripada apa yang dapat kulihat dengan jelas. Sebab jalan ini, meskipun hanya dilalui oleh sedikit orang, tidak dipertahankan oleh kegembiraan, tetapi oleh keberlanjutan, dan mereka yang tetap berada di jalan ini melakukannya bukan karena mudah, tetapi karena mereka telah memahami bahwa tidak ada jalan lain yang mengarah ke tempat yang harus mereka tuju.

TITIK INFLEKSI

Pertanyaan untuk Pengamatan Jujur
Jangan terburu-buru menjawab pertanyaan-pertanyaan ini. Biarkan pertanyaan-pertanyaan itu muncul di saat-saat di mana kemajuan terasa tidak jelas.

1. Di bagian mana dalam hidup Anda, Anda terus berlanjut tanpa tanda-tanda yang jelas bahwa Anda sedang maju?
   Apa yang membuat hal itu sulit bagi Anda?
2. Seberapa besar Anda bergantung pada kemajuan, hasil, atau pengakuan yang terlihat untuk tetap berkomitmen pada suatu jalan yang Anda tempuh?

3. Apa yang telah kau tinggalkan dan tak dapat kau raih kembali—namun apa yang terbentang di depan belum sepenuhnya terbentuk?
4. Dengan cara apa Anda tergoda untuk mengukur pertumbuhan hanya berdasarkan apa yang dapat Anda lihat atau rasakan?
5. Bentuk-bentuk ketahanan tenang apa yang ada dalam hidup Anda saat ini yang mungkin Anda abaikan?
6. Apa yang telah Anda hilangkan—bukan secara drastis, tetapi secara bertahap—seiring Anda terus melangkah maju?
   Kemudahan? Keakraban? Kepastian?
7. Saat Anda mempertimbangkan untuk berhenti atau beristirahat, apa sebenarnya yang Anda cari—istirahat, atau kelegaan dari tekanan?
8. Apa artinya melanjutkan—bukan karena Anda merasa kuat, tetapi karena Anda tahu tidak ada jalan lain?
9. Di manakah ketenangan terbentuk dalam diri Anda—bukan melalui kegembiraan, tetapi melalui keberlanjutan?

Orientasi Lembut untuk Pembaca

Tidak semua kemajuan terlihat.
Ada musim-musim di mana sepertinya tidak ada yang bergerak,
namun segala sesuatu sedang terbentuk.
Jalan yang kita tempuh tidak selalu memberikan kepastian saat kita melewatinya.
Terkadang, kita hanya perlu tetap berada di sana.
Anda tidak diminta untuk merasa yakin.
Anda diminta untuk melanjutkan.
Karena ketahanan tidak hanya ditopang oleh kejelasan semata,
tetapi juga oleh kesadaran bahwa berbalik arah bukanlah pilihan lagi.

Dan dari kesadaran itu,
kekuatan yang berbeda mulai terbentuk.

Bab 12 — Akhir yang Harus Anda Capai atau Tinggalkan

Mengapa Banyak yang Memulai, Sedikit yang Melanjutkan, dan Lebih Sedikit Lagi yang Menyelesaikan

Setelah menempuh perjalanan sejauh ini, melewati beban, perpisahan, kesulitan, dan tuntutan tenang dari jalan yang sempit, akhirnya saya menyadari bahwa perjalanan yang telah saya mulai bukanlah perjalanan yang dapat dipertahankan hanya dengan memulai, atau dengan momen-momen kejernihan, atau bahkan dengan masa-masa kekuatan, tetapi membutuhkan kelanjutan yang banyak dibicarakan, namun hanya sedikit yang menjalankannya. Karena memulai suatu jalan adalah satu hal, dan tetap berada di jalan itu sampai akhir adalah hal lain.

Pada awalnya, seringkali ada semacam urgensi yang mendorong seseorang maju, terutama ketika beban baru saja dirasakan dan kebutuhan akan perubahan sangat mendesak. Dalam keadaan seperti itu, pergerakan mudah terjadi, dan keputusan, meskipun mahal, tampak perlu. Tetapi seiring berjalannya waktu, dan kekuatan awal dari urgensi itu mulai mereda, tantangan lain muncul—bukan dalam memulai, tetapi dalam melanjutkan.

Karena jalan itu tidak memendek dengan sendirinya hanya karena seseorang telah berjalan di atasnya untuk beberapa waktu, dan tuntutannya juga tidak berkurang hanya karena seseorang telah membayar sejumlah biaya. Jalan itu tetap sama, membutuhkan keselarasan yang sama, penolakan yang sama untuk menyimpang, dan kemauan yang sama untuk terus maju, bahkan ketika alasan untuk memulai tidak lagi dirasakan dengan intensitas yang sama.

Banyak yang sampai sejauh ini, yang melihat dengan jelas, yang memulai dengan tulus, dan yang bahkan bertahan untuk sementara waktu, namun tidak melanjutkan sampai akhir. Bukan karena mereka tidak tahu, atau karena mereka tidak mampu untuk sementara waktu, tetapi karena keteguhan yang dituntut dari mereka tidak sesuai dengan apa yang ingin mereka pertahankan. Karena jalan itu tidak hanya menuntut seseorang untuk meninggalkan apa yang pernah dipegangnya, tetapi juga untuk terus meninggalkan apa yang muncul sepanjang perjalanan itu sendiri.

Terkadang, godaannya bukanlah untuk kembali secara terang-terangan, melainkan untuk melambat secara diam-diam, mengurangi kecepatan, melunakkan tuntutan, dan menetapkan diri pada bentuk berjalan yang tampaknya berlanjut, namun tidak lagi mendesak ke depan. Dan ini tidak mudah dikenali, karena secara lahiriah seseorang mungkin masih tampak berada di jalan, namun secara batiniah ia telah berhenti mengejar apa yang pertama kali mendorongnya. Ada pula yang mulai bernalar dalam hati bahwa apa yang telah mereka lakukan sudah cukup, bahwa jarak yang telah mereka tempuh membebaskan mereka dari apa yang masih harus dilakukan, atau bahwa biaya yang telah mereka bayarkan memberi mereka kelonggaran untuk beristirahat di tempat mereka berada. Dan dalam hal ini, mereka menukar kelanjutan dengan kenangan, hidup berdasarkan apa yang telah dilakukan daripada terus maju menuju apa yang masih ada di hadapan mereka.

Namun jalan ini tidak mengakui apa yang telah dilakukan sebagai pengganti apa yang masih harus dilakukan. Jalan ini tidak menerima permulaan sebagai pengganti akhir, atau usaha sebagai pengganti ketekunan. Jalan ini menuntut agar seseorang tetap ada, bukan sesekali, atau ketika itu sesuai dengannya, tetapi sepenuhnya, dan sampai akhir. Dan ini, meskipun dinyatakan dengan jelas, tidak mudah untuk dijalani.

Lalu apa yang harus dilakukan seseorang, ketika perjalanan itu tidak lagi membawanya, tetapi ia harus membawa dirinya sendiri di atasnya? Ketika alasan-alasan yang pernah menggerakkannya tidak lagi dirasakan dengan kekuatan yang sama? Ketika ia harus melanjutkan, bukan karena ia tergerak, tetapi karena ia tahu? Hal-hal inilah yang memisahkan mereka yang mengagumi jalan dari mereka yang menempuhnya.

Karena pada akhirnya, perbedaannya bukan terletak pada siapa yang memulai dengan ketulusan, bukan pula pada siapa yang paling mengerti, atau bahkan pada siapa yang merasakan keyakinan terdalam, tetapi pada siapa yang tetap bertahan. Dan tetap bertahan bukanlah tindakan yang dilakukan sekali saja, melainkan suatu kondisi yang terus-menerus dipilih, seringkali tanpa disadari, dan tanpa pengakuan.

Maka aku menyadari bahwa perjalanan yang terbentang di hadapanku tidak akan selesai hanya dengan kekuatan di awal, atau dengan kejelasan pemahaman, tetapi dengan terus menerus mengikuti jalan itu sendiri, bahkan ketika jalan itu tidak memberikan hasil langsung. Karena tujuan akhir tidak dicapai oleh mereka yang memulai, tetapi oleh mereka yang tidak menyimpang, dan meskipun banyak yang mengarahkan pandangan mereka ke sana, hanya mereka yang terus melanjutkan yang akan sampai ke tempat yang pertama kali mereka tuju.

TITIK INFLEKSI

Pertanyaan untuk Pengamatan Jujur

Jangan terburu-buru menjawab pertanyaan-pertanyaan ini. Biarkan pertanyaan-pertanyaan ini meneliti bukan bagaimana Anda memulai, tetapi bagaimana Anda melanjutkan.

1. Di titik mana dalam hidup Anda, Anda memulai dengan urgensi—tetapi sekarang melanjutkannya

dengan intensitas yang lebih rendah?
Apa yang telah berubah?
2. Apa yang Anda andalkan saat ini—keputusan masa lalu, atau kelanjutan dari situasi saat ini?
3. Apakah Anda secara halus memperlambat pengejaran Anda—bukan dengan berhenti, tetapi dengan mengurangi apa yang dibutuhkan?
Di mana tekanan telah diturunkan secara diam-diam?
4. Dengan cara apa Anda merasa bahwa apa yang telah Anda lakukan seharusnya sudah "cukup"?
Apa yang tersisa yang tidak lagi Anda kejar?
5. Di mana Anda mempertahankan penampilan seolah-olah bergerak, sementara di dalam hati Anda merasa tenang?
6. Hal-hal baru apa yang muncul sepanjang perjalanan yang sekarang perlu ditinggalkan—tetapi belum Anda lepaskan?
7. Ketika motivasi memudar, apa yang tersisa untuk mempertahankan keberlanjutan Anda?
Apa yang sebenarnya Anda andalkan?
8. Apa perbedaan, dalam hidup Anda saat ini, antara mengagumi jalan yang telah ada dan benar-benar menempuhnya?
9. Jika kelanjutan—bukan permulaan—yang menentukan akhir, apa yang harus Anda pilih lagi hari ini?

Orientasi Lembut untuk Pembaca

Awalnya akan membawamu pergi untuk sementara waktu.
Namun, akhir tidak dicapai oleh apa yang dimulai—melainkan dicapai oleh apa yang tersisa.
Tidak ada jalan pintas pada tahap ini.
Tidak ada penggantian untuk kelanjutan.
Anda tidak diminta untuk merasakan apa yang pernah Anda rasakan.

Anda diminta untuk tetap berada di tempat Anda berdiri sekarang.
Karena jalan itu tidak bertanya apakah kamu memulai dengan baik.
Jalan itu mengungkapkan apakah kamu tetap bertahan.
Dan dalam tindakan melanjutkan yang tenang dan sehari-hari, akhir itu didekati—atau perlahan-lahan ditinggalkan.

PENDAHULUAN UNTUK PERJALANAN 40 HARI

Ketika Jalan Itu Menjadi Pribadi

Ada titik di mana sebuah cerita tidak lagi bisa hanya menjadi cerita—bukan karena bentuknya telah berubah, tetapi karena cerita itu mulai menekan pembacanya. Apa yang dulunya diamati dari kejauhan mulai mendekat, dan apa yang dulunya dipahami secara intelektual mulai menuntut sesuatu yang lebih dari sekadar persetujuan. Ia membutuhkan pergerakan. Hingga saat ini, Anda telah menelusuri kehidupan dan dunia batin John Bunyan, bukan hanya sebagai penonton, tetapi sebagai seseorang yang telah mengenali, pada berbagai titik, sesuatu dari kondisi Anda sendiri yang tercermin dalam dirinya.

Anda telah melihat kegelisahan yang tak terpuaskan, kesadaran yang tak mau diam, ketakutan yang menjadi pribadi, usaha yang tak mampu menghasilkan kedamaian, dan pikiran yang menjadi medan perang. Anda telah mengikutinya ke tempat di mana kejelasan menggantikan kebingungan, di mana beban menjadi terlihat, di mana pergerakan dimulai, di mana jalan menjadi sulit, di mana suara-suara mencoba mengarahkannya kembali, dan di mana kelanjutan menjadi lebih penting daripada permulaan. Dan jika Anda telah mengikuti dengan saksama, Anda akan menyadari bahwa ini bukan hanya kisahnya—ini adalah sebuah pola.

Apa yang akan disampaikan selanjutnya bukanlah perluasan narasi, melainkan undangan untuk memasukinya. Di sinilah jarak antara pembaca dan subjek runtuh. Anda tidak lagi diminta untuk memahami perjalanan tersebut—Anda diajak masuk ke dalamnya. Tidak sekaligus, dan tidak melebihi kemampuan Anda, tetapi langkah demi langkah, dengan cara yang akan membutuhkan perhatian, kejujuran, dan partisipasi Anda.

Perjalanan 40 hari ini terstruktur, bukan untuk memberi informasi, tetapi untuk membentuk Anda. Perjalanan ini melalui lima fase berbeda, masing-masing dibangun di atas fase sebelumnya, masing-masing mengungkap sesuatu yang penting, dan masing-masing menuntut sesuatu yang berbeda dari Anda. Fase-fase ini bukanlah pembagian buatan, tetapi refleksi tentang bagaimana transformasi nyata berlangsung—secara progresif, seringkali diam-diam, dan tidak tanpa perlawanan.

Fase pertama adalah **Kebangkitan** , di mana beban menjadi tak terbantahkan. Di sini, Anda tidak akan diminta untuk berubah segera, tetapi untuk melihat dengan jelas. Banyak yang mencoba bergerak maju tanpa terlebih dahulu membiarkan diri mereka sepenuhnya menyadari kondisi mereka, dan dengan demikian, mereka membawa serta apa yang seharusnya dihadapi. Pada hari-hari awal ini, penekanannya bukanlah pada tindakan, tetapi pada kesadaran—jujur, tanpa kepura-puraan, dan tanpa gangguan.

Dari situ, perjalanan berlanjut ke **Fase Pemisahan** , di mana apa yang tidak dapat mengikuti Anda harus ditinggalkan. Di sinilah pergerakan dimulai, tetapi bukan tanpa pengorbanan. Anda akan menghadapi perlawanan—baik dari dalam maupun dari luar—dan Anda akan mulai menyadari bahwa kepatuhan tidak selalu ditegaskan oleh orang-orang di sekitar Anda. Fase ini akan membutuhkan keputusan yang tidak dapat ditunda dan kejelasan yang tidak dapat dipinjam.

Fase ketiga adalah **Konflik** , di mana perlawanan yang tidak Anda duga mulai muncul. Di sini, perjuangan menjadi lebih terdefinisi. Keraguan, keputusasaan, dan penentangan mulai terbentuk, dan apa yang dulunya terasa pasti mungkin terasa kurang pasti. Ini bukanlah kegagalan—ini adalah pengungkapan. Apa yang ada di dalam diri Anda akan terlihat, dan Anda akan dituntut untuk terus maju, bukan karena Anda merasa kuat, tetapi karena Anda tahu Anda tidak dapat berbalik.

Kemudian datanglah **tahap Pembentukan** , di mana apa yang telah terungkap mulai dibentuk kembali. Tahap ini lebih lambat, kurang terlihat, dan seringkali kurang dramatis dibandingkan tahap sebelumnya. Di sinilah disiplin berakar, identitas mulai bergeser, dan konsistensi menggantikan intensitas. Banyak yang mengabaikan fase ini karena kurang mendesak, tetapi di sinilah stabilitas terbentuk dan apa yang bersifat sementara digantikan oleh apa yang dapat bertahan lama.

Fase terakhir adalah **Ketekunan dan Pencapaian** , di mana perjalanan tidak hanya dilanjutkan, tetapi juga diselesaikan. Di sinilah banyak yang goyah—bukan di awal, tetapi menjelang akhir. Kelelahan mulai muncul, keakraban mengurangi urgensi, dan godaan untuk berpuas diri menjadi lebih halus. Namun di sinilah perbedaannya terletak, karena jalan tidak diukur dari bagaimana ia dimulai, tetapi dari apakah ia diselesaikan.

Saat Anda memulai perjalanan ini, Anda harus memahami hal ini: Anda tidak diminta untuk membaca ke depan, terburu-buru, atau mengumpulkan wawasan. Anda diminta untuk berjalan—perlahan, dengan sengaja, dan jujur. Setiap hari bukanlah tugas yang harus diselesaikan, tetapi langkah yang harus diambil. Dan setiap langkah, jika diambil dengan benar, akan menuntut sesuatu dari Anda—bukan secara lahiriah pada awalnya, tetapi secara batiniah, di situlah pekerjaan sebenarnya dimulai.

Jangan mendekati hal ini dengan enteng. Jangan berasumsi bahwa keakraban dengan bahasa spiritual akan membawa Anda melewati semuanya. Jangan mencoba untuk tetap tidak terpengaruh saat terlibat dengan apa yang dimaksudkan untuk mengubah Anda. Keefektifan perjalanan ini tidak akan ditentukan oleh seberapa banyak Anda membaca, tetapi oleh seberapa jujur Anda terlibat dengan apa yang diletakkan di hadapan Anda.

Karena apa yang terbentang di depan bukanlah sekadar renungan—melainkan sebuah jalan. Dan begitu Anda mulai menempuhnya dengan jujur, Anda akan menemukan bahwa

jalan itu tidak akan meninggalkan Anda di tempat Anda berada sebelumnya.
Anda belum diharuskan memahami semuanya.
Tetapi Anda tidak lagi diperbolehkan untuk tetap tidak berubah.

CARA MENGGUNAKAN BUKU INI

Untuk Individu dan Kelompok

Ini bukan buku yang bisa dibaca terburu-buru.
Ini adalah sebuah perjalanan yang harus dijalani.
Ini bukan dirancang untuk informasi, tetapi untuk pembentukan.
Bukan untuk akumulasi, tetapi untuk penyelarasan.
Anda tidak diharuskan untuk menyelesaikannya.
Anda diharuskan untuk **memasukkannya** .

1. MENGGUNAKAN BUKU INI SECARA INDIVIDUAL

Perjalanan ini dimaksudkan untuk dijalani perlahan, jujur, dan tanpa kepura-puraan.

A. Ritme Harian (15–30 Menit)

Setiap hari bukanlah tugas yang harus diselesaikan, melainkan ruang untuk dimasuki.

1. Bacalah perlahan.

Jangan hanya membaca sekilas. Perhatikan kata-kata cukup lama agar Anda dapat memahaminya.

2. Masuki Momen Itu

Jangan berdiri di luar teks. Biarkan pengalaman Bunyan menjadi cermin. Perhatikan apa yang muncul—resistensi, pengakuan, atau ketidaknyamanan.

3. Renungkan Pertanyaan-Pertanyaan Tersebut.

Jangan terburu-buru menjawab. Beberapa pertanyaan memang ditujukan untuk terus terngiang di benak Anda sepanjang hari.

4. Latih Tindakan

Setiap hari sertakan tindakan ketaatan kecil. Lakukan dengan tenang. Biarkan itu membentuk Anda tanpa perlu diumumkan.

5. Berdoalah dengan Sederhana

Doa-doa tidak dimaksudkan untuk mengesankan. Doa-doa dimaksudkan untuk menyelaraskan. Gunakanlah, atau biarkan doa-doa itu membuka kata-kata Anda sendiri di hadapan Tuhan.

B. Postur Tubuh untuk Perjalanan

Agar buku ini dapat menjalankan fungsinya:

- Bacalah **satu hari demi satu hari saja.**
- Jangan terburu-buru untuk memuaskan rasa ingin tahu.
- Jangan mencari pengalaman emosional—carilah keselarasan.
- Jangan terlalu banyak mendokumentasikan—ketaatan lebih penting daripada wawasan.

Perjalanan ini akan berjalan lebih baik jika didekati dengan penuh pengendalian diri.

C. Kapan Harus Berhenti Sejenak

Jika suatu hari mengungkap sesuatu yang lebih dalam—perlawanan, keyakinan, atau kelelahan:

- Lanjutkan perjalanan Anda pada hari itu selama 24–48 jam berikutnya.
- Tinjau kembali refleksi tersebut.
- Ulangi tindakan tersebut
- Biarkan kebenaran meresap sebelum melangkah maju.

Proses pembentukan tidak bersifat linier.
Jangan terburu-buru melakukan apa yang terjadi di bawah permukaan.

2. MENGGUNAKAN BUKU INI DALAM KELOMPOK

Perjalanan ini dapat dilalui bersama—tetapi harus tetap jujur.
Ini bukan kelompok belajar.
Ini adalah **lingkungan pembentukan karakter** .

A. Ukuran Grup Ideal

- Jumlah 4–8 orang adalah jumlah yang optimal.
- Lebih sedikit batasan kedalaman bersama
- Kelompok yang lebih besar seringkali mengurangi kejujuran.

B. Ritme Mingguan yang Disarankan

Daripada bertemu setiap hari:

- Setiap orang menyelesaikan bacaan harian secara individu.
- Kelompok ini bertemu sekali seminggu.
- Satu hari disisihkan untuk istirahat atau refleksi.

Hal ini memungkinkan kebenaran untuk **dihayati secara pribadi** dan **diproses bersama** .

C. Struktur Pertemuan Kelompok (60–90 Menit)

1. Keheningan Pembuka (5 menit)

Tidak ada pembaruan. Tidak ada percakapan. Biarkan ruangan menjadi tenang.

2. Refleksi Bersama (30 menit)

Setiap orang hanya menjawab:

- Apa yang membuatku kesulitan minggu ini?
- Apa yang diungkapkan kepadaku?

Tidak ada koreksi.

Tidak ada pengajaran.

3. Penentuan Nilai (20 menit)

Bacalah bagian-bagian terpilih dengan lantang. Ajukan pertanyaan:

- Apa yang sedang dibentuk?
- Apa yang dibutuhkan?

4. Doa (15 menit)

Berdoalah untuk keselarasan, bukan kenyamanan. Buatlah doa yang sederhana dan tulus.

D. Perjanjian Kelompok (Penting)

Untuk melindungi integritas perjalanan:

- Tidak saling mengoreksi satu sama lain

- Tidak ada kegiatan mengajar kecuali diundang.
- Tidak memberikan saran kecuali diminta.
- Dilarang berbagi di luar grup.
- Tidak ada perbandingan

Ini bukan tempat untuk membuat kesan.
Ini adalah tempat untuk dibentuk.

3. MENGGUNAKAN BUKU INI UNTUK PEMBINAAN MURID & KEPEMIMPINAN

Perjalanan ini sangat cocok untuk:

- Tim kepemimpinan
- Kelompok-kelompok pemuridan
- Pemimpin yang sedang berkembang
- Mereka yang mengemban tanggung jawab yang lebih besar

A. Fokus Kepemimpinan

Perhatikan area-area yang memperlihatkan:

- Kontrol
- Visibilitas
- Ketahanan
- Kepatuhan yang tenang

Buku ini membentuk **karakter sebelum kemampuan** .

B. Peran Fasilitator

Jika Anda memimpin orang lain:

- Jangan mendominasi ruang tersebut
- Jangan terburu-buru dalam prosesnya.
- Biarkan keheningan terjadi
- Lindungi kejujuran

Anda bukanlah juru bicara kelompok.
Anda adalah **penjaga lingkungan** .

4. APA BUKU INI — DAN BUKAN APA BUKU INI

Buku ini adalah:

- Sebuah perjalanan melalui pencerahan, perjuangan, dan keberlanjutan.

- Cermin bagi kehidupan batin
- Panduan menuju ketaatan yang dihayati
- Jalur pembentukan

Buku ini bukan:

- Renungan singkat
- Sistem teologis
- Program motivasi
- Pengalaman membaca yang dangkal.

Alat ini dirancang untuk **memengaruhi Anda** , bukan hanya berbicara kepada Anda.

5. KATA PENUTUP SEBELUM ANDA MEMULAI

Anda tidak diminta untuk mengagumi perjalanan tersebut.
Anda diundang untuk berjalan kaki.
Bacalah perlahan.
Jangan melakukan gerakan. Jangan terburu-buru.
Apa yang kau bawa akan menjadi lebih jelas.
Apa yang harus ditinggalkan akan menjadi nyata. Apa yang harus dihadapi tidak akan tetap tersembunyi.
Dan seiring waktu, apa yang dimulai sebagai membaca
akan menjadi pengenalan.
Dan apa yang kemudian menjadi pengakuan
akan mulai menuntut tanggapan.
Perjalanan tidak dimulai ketika Anda mengerti.
Semuanya dimulai
ketika Anda tidak lagi bisa mengabaikannya.

FASE 1 — Kebangkitan (Hari 1–8)

Beban, kesadaran, keresahan, keyakinan

HARI 1 — Beban yang Tak Bisa Lagi Anda Abaikan

Ketika Kesadaran Menolak untuk Tetap Diam

"Aku merasa keadaanku sangat menyedihkan... karena aku takut bahwa dosa jahatku ini mungkin adalah dosa yang tak terampuni."
— *John Bunyan, Grace Abounding*

Ada suatu masa ketika Bunyan tidak lagi bisa menjalani hidup seperti dulu. Secara lahiriah, tidak ada perubahan langsung—ia masih hidup, berbicara, dan bergerak seperti sebelumnya—tetapi secara batiniah, sesuatu telah bergeser. Apa yang dulu ia abaikan mulai mengganggunya. Apa yang dulu ia kesampingkan mulai kembali. Dan apa yang dulu ia pikul dengan ringan mulai menekannya dengan berat.

Dia tidak memulai dengan kejelasan.

Dia memulai dengan kekacauan.

Pada awalnya, hal itu bahkan tidak sepenuhnya dipahami. Itu adalah sebuah perasaan—sebuah pengetahuan tanpa penyelesaian. Sebuah pengakuan bahwa ada sesuatu dalam dirinya yang tidak beres, meskipun ia belum dapat menjelaskannya sepenuhnya. Dan kesadaran ini tidak meninggalkannya. Ia mengikutinya. Ia mengganggunya. Ia kembali ketika ia mencoba untuk melewatinya.

Di sinilah setiap perjalanan sejati dimulai.

Bukan saat semuanya sudah jelas.

Bukan saat semuanya sudah diputuskan. Tetapi saat sesuatu menolak untuk tetap tenang.

Anda mungkin mengenali momen ini.

Bukan sebagai sesuatu yang dramatis, tetapi sesuatu yang terus-menerus. Kegelisahan yang tenang. Perasaan bahwa ada sesuatu dalam hidup Anda yang tidak selaras. Bahwa ada sesuatu yang ditoleransi padahal seharusnya tidak. Bahwa sesuatu telah ditunda terlalu lama.

Seperti Bunyan, Anda mungkin belum tahu apa yang harus dilakukan dengannya.

Maka godaannya adalah:

- lewati saja
- tetap sibuk
- mengurangi pentingnya
- atau berjanji untuk menanganinya nanti

Namun Bunyan tidak bisa menghindarinya.

Dan kamu pun tidak bisa—jika kamu jujur.

Karena begitu kesadaran menjadi stabil, itu bukan lagi pilihan.

Itu adalah undangan—atau peringatan.

Bahayanya bukanlah Anda merasakan hal ini.

Bahayanya adalah Anda membungkamnya sebelum ia berbicara sepenuhnya.

Pertanyaan Refleksi

- Apa yang selama ini diam-diam mengganggu pikiran saya dan belum sepenuhnya saya hadapi?
- Di mana letak kegelisahan yang selalu saya abaikan?
- Apa yang sudah saya ketahui—tetapi belum saya tanggapi?
- Apa yang selama ini saya anggap normal, padahal seharusnya tidak lagi terasa normal?
- Jika saya berhenti mengalihkan perhatian, apa yang akan muncul ke permukaan?

Refleksi Mendalam

Bunyan tidak memulai dengan mengubah hidupnya.

Ia memulai dengan **tidak lagi mampu mengabaikannya** .

Ke sanalah Anda dibawa hari ini.

Bukan untuk memperbaiki.

Bukan untuk menyelesaikan. Tetapi untuk **melihat tanpa gangguan** .

Tanyakan pada diri Anda:

Apakah aku benar-benar telah membiarkan diriku merasakan beban dari apa yang kuketahui?
Atau
Apakah selama ini saya sudah mengaturnya agar tidak perlu menghadapinya?
Kesadaran saja belum merupakan transformasi.
Namun tanpanya, transformasi tidak akan pernah dimulai.

Rencana Aksi (Hanya Hari Ini)

1. **Ciptakan keheningan yang disengaja (10–15 menit)**
   Singkirkan semua gangguan.
2. **Tulis kalimat ini dan lengkapi dengan jujur:**
   "Yang tidak bisa lagi saya abaikan adalah..."
3. **Jangan memperhalus jawaban Anda.**
   Tanpa penjelasan. Tanpa pembenaran.
4. **Kunjungi kembali nanti hari ini.**
   Bacalah lagi—perlahan. Biarkan tetap tak terselesaikan.

Doa

Tuhan,
aku telah belajar bagaimana hidup dengan menghindari hal-hal yang seharusnya kuhadapi. Aku telah membungkam apa yang seharusnya bersuara dan menunda apa yang sudah kuketahui.
Hari ini, aku tidak akan berpaling.
Aku tidak akan mengecilkan apa yang kulihat.
Berilah aku keberanian untuk menghadapi kebenaran tanpa membela diri,
dan kejujuran untuk tetap berada di tempat Engkau berbicara.
Biarlah apa yang telah dimulai hari ini tetap ada padaku—sampai aku siap untuk merespons.
Amin.

HARI KE-2 — Ketika Normal Berhenti Terasa Normal

Gangguan yang Tak Dapat Anda Balikkan

"Di mataku sendiri aku lebih menjijikkan daripada seekor kodok... dan kupikir aku juga begitu di mata Tuhan."
— *John Bunyan, Grace Abounding*

Setelah Bunyan menyadari kondisinya, sesuatu yang lebih dalam mulai terjadi—kehidupan normalnya tidak lagi terasa normal.

Hal-hal yang dulu ia lalui tanpa berpikir kini mengganggunya. Kata-kata yang dulu ia ucapkan dengan bebas kini kembali menghantuinya. Kehidupan yang dulu ia jalani dengan nyaman kini terasa tidak sesuai.

Secara lahiriah, tidak ada yang berubah.

Tetapi secara batiniah, semuanya telah berubah.

Ini adalah tahap kebangkitan selanjutnya.

Kesadaran tidak tetap terbatas.

Ia mulai **menata ulang persepsi** .

Apa yang dulunya terasa dapat diterima mulai terasa berat. Apa yang dulunya terasa netral mulai terasa rentan. Apa yang dulunya terasa seperti "sekadar kehidupan" mulai terasa seperti sesuatu yang tidak dapat berlanjut tanpa perubahan.

Bunyan tidak tiba-tiba menjadi orang yang berbeda secara lahiriah.

Ia menjadi orang yang tidak lagi bisa mengabaikan apa yang kini ia lihat di dalam hatinya.

Dan hal ini membuat kehidupan lamanya menjadi tak tertahankan—bukan karena kehidupan itu berubah, tetapi karena **cara pandangnya terhadap kehidupan itu telah berubah** .

Anda mungkin akan memasuki tempat yang sama.

Di mana:

- percakapan terasa berbeda
- kebiasaan terasa tidak nyaman
- lingkungan terasa tidak selaras
- dan hal-hal yang dulunya Anda benarkan kini menggganggu Anda

Ini bukan kebingungan.
Inilah kejelasan **yang menggganggu keakraban** .
Dan di sinilah banyak orang berbalik arah.
Bukan karena mereka salah—
tetapi karena tahap ini tidak nyaman.
Karena sekarang:
Anda tidak dapat sepenuhnya menikmati apa yang pernah Anda lakukan, tetapi Anda belum melangkah ke sesuatu yang baru.
Anda berada di tengah-tengah.
Dan godaannya sangat kuat:

- untuk meredam ketidaknyamanan
- untuk kembali teralihkan perhatian
- berpura-pura tidak ada yang berubah
- untuk memaksa kehidupan kembali seperti semula

Namun Bunyan tidak bisa kembali ke keadaan "normal".
Karena sekali sesuatu telah dilihat,
maka tidak bisa dilupakan.

Pertanyaan Refleksi

- Apa dalam hidupku yang tidak lagi terasa "normal" seperti dulu?
- Apa yang masih saya lakukan padahal sekarang sudah tidak sesuai lagi dengan diri saya?
- Di mana saya merasakan penolakan internal terhadap hal-hal yang dulu saya nikmati?
- Lingkungan, kebiasaan, atau percakapan apa yang sekarang terasa tidak sesuai?
- Apa yang sebenarnya saya coba paksakan untuk kembali ke zona nyaman?

Refleksi Mendalam

Bunyan tidak kehilangan nyawanya.
Dia kehilangan **kenyamanan dalam hidupnya** .
Dan kekalahan itu memang perlu.
Karena transformasi tidak dimulai
ketika kehidupan berubah secara lahiriah—melainkan dimulai ketika **Anda tidak lagi dapat menjalani hidup dengan cara yang sama secara batiniah** .
Tanyakan pada diri Anda:
Apakah saya berusaha mempertahankan zona nyaman... atau menanggapi kebenaran?

Sejujurnya, bagian mana dari "normal" saya yang sudah rusak?

Rencana Aksi (Hanya Hari Ini)

1. **Identifikasi satu area dalam hidup Anda yang tidak lagi terasa benar.**
   Sebutkan secara spesifik (kebiasaan, hubungan, perilaku, lingkungan).
2. **Tuliskan ini dengan jelas:**
   "Ini tidak lagi sesuai dengan siapa saya di masa depan..."
3. **Jangan diubah dulu.**
   Hari ini bukan untuk bertindak—ini untuk **pengakuan.**
4. **Amati hari Anda dengan saksama.**
   Catatan:
   - di mana ketidaknyamanan muncul
   - apa yang memicunya
   - apa yang Anda coba hindari

Doa

Tuhan,
apa yang dulu terasa normal kini tidak lagi terasa benar dalam diriku. Dan sekarang aku mengerti bahwa ini bukanlah kebingungan—melainkan Engkau yang membuatku sadar. Tolonglah aku agar tidak kembali pada hal-hal yang sudah tidak lagi sesuai dengan usiaku.

Tolonglah aku agar tidak membungkam apa yang Engkau nyatakan.
Berilah aku keberanian untuk tetap berada dalam ketegangan ini
tanpa melarikan diri terlalu cepat.
Biarlah apa yang sudah tidak sesuai lagi
menuntunku menuju kebenaran.
Amin.

HARI KE-3 — Suara yang Tak Bisa Kau Bungkam

Ketika Keyakinan Menolak untuk Meninggalkanmu Sendirian

"Dosaku akan menjeratku dan membuatku berlutut, lalu aku akan menangis dan berdoa… tetapi kemudian aku akan berbuat dosa lagi, dan merusak kedamaianku."
— *John Bunyan, Grace Abounding*

Perjuangan Bunyan tidak hanya berupa kesadaran umum. Ia menjadi spesifik, personal, dan terus-menerus. Apa yang awalnya hanya gangguan kecil kini mengambil bentuk dan arah. Bukan lagi sekadar ada sesuatu yang salah. Melainkan sesuatu di dalam dirinya mulai berbicara—dan berbicara dengan jelas.

Suara itu tidak muncul secara lahiriah, melainkan batiniah, di mana suara itu sulit dihindari. Tindakan-tindakan tertentu tidak lagi berlalu tanpa konsekuensi. Pikiran-pikiran tertentu tidak hilang begitu saja setelah terpendam. Momen-momen tertentu kembali menghantuinya berulang kali, menekannya dengan beban yang tidak berkurang seiring waktu. Dan semakin ia berusaha untuk melupakannya, semakin momen-momen itu kembali dengan kekuatan yang lebih besar.

Inilah yang dilakukan oleh keyakinan. Keyakinan tidak tetap samar. Keyakinan tidak menyebar ke segala arah. Keyakinan menetap pada sesuatu—dan menolak untuk meninggalkannya begitu saja.

Bunyan mendapati dirinya terjebak dalam pola yang tak bisa ia putus. Ia akan merasakan beban dari apa yang telah dilakukannya, merespons dengan doa atau tekad, dan untuk sesaat, percaya bahwa sesuatu telah berubah. Namun tak lama kemudian, ia akan kembali ke pola yang sama, dan dengan kembalinya itu datanglah gangguan yang lebih dalam. Bukan karena ia tidak menyadarinya, tetapi karena ia sekarang sepenuhnya sadar—dan belum berubah.

Suara itu tidak menghilang meskipun ia menunda. Malah menjadi lebih tajam.
Anda mungkin mengenali pola ini dalam hidup Anda sendiri. Ada hal-hal yang kembali terlintas dalam pikiran Anda tanpa diundang. Momen-momen yang mengganggu Anda saat Anda sendirian. Kesadaran yang muncul saat semuanya tenang. Anda mungkin mengesampingkannya di siang hari, tetapi hal-hal itu kembali saat Anda melambat. Bukan secara acak—tetapi secara konsisten.

Anda bisa mengalihkan perhatian untuk sementara waktu. Anda bisa menjelaskan berbagai hal. Anda bisa berjanji untuk menanganinya nanti. Tapi masalah itu tidak akan hilang.

Karena keyakinan bukanlah untuk langsung menghukummu. Keyakinan ada untuk mencegahmu terjerumus dalam kesalahan. Keyakinan bukanlah musuhmu. Keyakinan adalah penghalangmu.
Dan di sinilah ketegangan semakin meningkat.

Anda tidak lagi tidak menyadari. Anda tidak lagi hanya merasa tidak nyaman. Anda sekarang sedang diajak bicara—secara langsung, spesifik, dan berulang kali. Dan apa yang sedang dibicarakan bukanlah hal yang umum. Itu bersifat pribadi.

Di sinilah banyak orang mulai mengeraskan hati—bukan secara lahiriah, tetapi batiniah. Bukan dengan menolak kebenaran secara terbuka, tetapi dengan perlahan-lahan terbiasa mengabaikannya. Suara itu tetap ada, tetapi responsnya melemah. Kesadaran tetap ada, tetapi urgensinya memudar.

Bunyan tinggal di ruang ini untuk sementara waktu—mengetahui, merasakan, namun belum sepenuhnya menyerah. Dan di situlah letak bahaya sebenarnya.

Pertanyaan Refleksi

- Masalah spesifik apa yang terus-menerus terlintas di benak saya?
- Apa yang menurut saya sangat mendesak—tetapi terus saya tunda?
- Di manakah keyakinan paling konsisten dalam hidup saya saat ini?
- Apa yang biasanya saya lakukan segera setelah keyakinan itu muncul—menanggapi, mengabaikan, atau membenarkan?
- Apa yang sekarang mulai saya toleransi, padahal dulu saya akan menanganinya?

Refleksi Mendalam

Perjuangan Bunyan bukanlah karena ia kurang kesadaran. Melainkan karena ia memiliki kesadaran tanpa respons yang penuh.

Keyakinan bukanlah masalahnya.

Penundaanlah yang menjadi masalah.

Ada sesuatu dalam hidupmu yang tidak ambigu. Mungkin tidak mudah untuk menghadapinya, tetapi itu tidak ambigu. Kamu tahu dari mana tekanan itu berasal. Kamu tahu apa yang terus muncul ke permukaan. Kamu tahu apa yang belum terselesaikan.

Pertanyaannya bukanlah apakah itu ada.

Pertanyaannya adalah apakah Anda menanggapi hal itu—atau malah terbiasa mengabaikannya.

Rencana Aksi (Hanya Hari Ini)

Ciptakan ruang hari ini di mana Anda dapat mengamati respons Anda terhadap keyakinan tanpa mengganggunya.

Ketika sesuatu muncul—baik itu sebuah pikiran, ingatan, atau kesadaran—berhentilah sejenak dan perhatikan apa yang Anda lakukan selanjutnya. Jangan mengoreksinya dulu. Jangan memperbaikinya. Cukup amati pola Anda.
Tuliskan satu kalimat yang jelas:
"Saya tahu saya sedang diajak bicara tentang…"
Jangan melunakkannya. Jangan menjelaskannya. Biarkan apa adanya.
Kembalilah ke kalimat itu sekali lagi sebelum hari berakhir. Bacalah perlahan. Biarkan kalimat itu tetap tidak terselesaikan.

Doa
Tuhan,
Engkau telah berbicara, dan aku telah mendengar-Mu. Tidak selalu sepenuhnya, tetapi cukup jelas.
Sekarang saya menyadari bahwa saya telah menunda—bukan karena saya tidak mengerti, tetapi karena saya tidak ingin menanggapi.
Tolonglah aku agar tidak terbiasa mengabaikan suara-Mu.
Tolonglah aku agar tidak membungkam apa yang Engkau nyatakan.
Berikanlah kepadaku kejujuran untuk mengakui apa yang sudah kuketahui, dan keberanian untuk tetap berada di tempat Engkau berbicara, bahkan ketika itu terasa tidak nyaman.
Biarlah apa yang Engkau tunjukkan kepadaku menjadi sesuatu yang kutanggapi—bukan sesuatu yang kukendalikan.
Amin.

HARI KE-4 — Mengetahui Tanpa Berubah

Bahaya Tersembunyi dari Keterlambatan Spiritual

"Aku memiliki keyakinan, tetapi tidak ada pertobatan... Terkadang aku berharap bisa diselamatkan, namun aku tidak bisa melepaskan diri dari dosa-dosaku."
— *John Bunyan, Grace Abounding*

Bunyan tidak berjuang karena ia kurang pemahaman. Ia berjuang karena ia memahami—namun tetap sama.

Ada suatu periode dalam hidupnya di mana semuanya cukup jelas untuk mengganggunya, tetapi belum cukup kuat untuk menggerakkannya. Dia tahu apa yang mengganggunya. Dia merasakan bebannya. Bahkan, pada saat-saat tertentu, dia menginginkan kebebasan darinya. Namun, ketika momen itu berlalu, dia kembali lagi ke pola yang sama, kompromi yang sama, penundaan yang sama.

Ini bukan ketidaktahuan.

Ini adalah kehendak yang terpecah.

Ia bukannya tidak menyadari kondisinya. Ia bukannya acuh tak acuh terhadapnya. Tetapi ia belum sampai pada titik di mana kesadaran berubah menjadi penyerahan diri. Dan karena itu ia hidup dalam ruang yang lebih umum daripada yang diakui banyak orang—ruang di mana kebenaran diakui, tetapi tidak ditaati.

Dan tempat ini berbahaya.

Karena hal itu memungkinkan seseorang merasa terlibat tanpa mengalami transformasi. Hal itu memungkinkannya untuk berbicara tentang perubahan, memikirkan perubahan, bahkan menginginkan perubahan—namun tetap tidak berubah. Hal itu menciptakan ilusi pergerakan sementara semua hal penting tetap berada di tempatnya.

Anda mungkin akan mendapati diri Anda di sini.
Di mana Anda dapat mengidentifikasi apa yang salah. Di mana Anda bahkan dapat menjelaskannya dengan jelas. Di mana Anda merasakan momen-momen keyakinan yang cukup kuat untuk membuat Anda berhenti sejenak—tetapi tidak cukup kuat untuk membuat Anda bertindak. Dan karena itu Anda terus melanjutkan, bukan karena Anda tidak tahu, tetapi karena Anda telah belajar bagaimana hidup dengan apa yang Anda ketahui.
Bunyan yang melakukan ini.
Ia akan merasakan dengan mendalam, mengambil keputusan sejenak, lalu kembali dengan tenang. Tidak selalu dengan pembangkangan, tetapi dengan penundaan. Tidak selalu menolak kebenaran, tetapi menunda ketaatan. Dan seiring waktu, pola ini tidak melemahkan keyakinannya—melainkan melemahkan responsnya terhadap keyakinan tersebut.
Itulah pergeseran yang halus.
Keyakinan tetap ada.
Respons berkurang.
Dan ketika itu terjadi, sesuatu mulai terbentuk dalam diri seseorang—bukan kekerasan sekaligus, tetapi perlawanan yang tumbuh perlahan. Kebenaran menjadi akrab. Rasa urgensi menjadi pilihan. Dan apa yang dulunya menekan dengan kuat kini menjadi sesuatu yang dapat dikelola.
Namun, mengetahui tanpa berubah bukanlah hal yang netral. Itu adalah pergerakan ke arah yang salah.
Karena setiap kali Anda tidak menanggapi apa yang Anda lihat dengan jelas, Anda bukannya tetap berada di tempat Anda sekarang—melainkan semakin nyaman tinggal di sana.
Lalu apa yang harus dilakukan, ketika seseorang melihat dengan jelas, merasakan secara mendalam, namun tidak bergerak? Ketika ia mengenali kebenaran, tetapi tidak menyerah padanya? Ketika ia menginginkan perubahan, tetapi menunda penyerahan diri?
Di sinilah perjalanan akan semakin mendalam—atau terhenti.

Pertanyaan Refleksi

- Apa yang jelas-jelas saya tahu salah—tetapi terus saya toleransi?
- Di mana saya berulang kali merasa yakin, namun tidak menghasilkan perubahan nyata?
- Apa yang sudah saya katakan akan saya tangani—tetapi malah saya tunda?
- Di mana letak kesalahan saya dalam membedakan kesadaran dengan kepatuhan?
- Apa yang tidak ingin saya lepaskan, meskipun saya tahu itu diperlukan?

Refleksi Mendalam

Perjuangan Bunyan bukanlah karena ia kekurangan kebenaran.

Melainkan karena ia memiliki kebenaran tanpa menyerah.

Ada sesuatu dalam hidupmu yang tidak ambigu. Kamu tidak butuh penjelasan lebih lanjut. Kamu tidak butuh wawasan lebih lanjut. Kamu sudah cukup tahu.

Pertanyaannya bukanlah:

Apakah saya memahami ini?

Pertanyaannya adalah:

Mengapa saya belum bertindak?

Tidak pada akhirnya.

Tidak nanti.

Mengapa tidak sekarang?

Rencana Aksi (Hanya Hari Ini)

1. **Identifikasi satu area di mana Anda "tahu" tetapi belum mengubahnya**
   . Bersikaplah spesifik, bukan umum.
2. **Tuliskan kalimat ini dengan jelas:**
   "Saya tahu ini, tetapi saya tidak bertindak karena..."
3. **Jujurlah tentang alasannya.**
   Bukan alasan yang dibuat-buat—tetapi alasan

sebenarnya (ketakutan, kenyamanan, keterikatan, kontrol).

4. **Renungkan alasan itu.**
   Jangan perbaiki dulu. **Lihatlah saja tanpa menyembunyikannya** .

Doa

Tuhan,
sekarang aku mengerti bahwa aku tidak kekurangan kebenaran—aku kekurangan tanggapan.
Aku telah tahu, namun aku menunda.
Aku telah melihat, namun aku tetap diam.
Maafkan aku karena memperlakukan hal yang jelas seolah-olah bisa ditunda.
Maafkan aku karena hidup dalam kesadaran tanpa ketaatan.
Bawalah aku ke tempat di mana aku tak lagi memisahkan antara apa yang kuketahui dan bagaimana aku hidup.
Berikan aku keberanian untuk beralih dari pemahaman menuju penyerahan diri.
Amin.

HARI KE-5 — Ilusi Waktu

"Aku akan mengurus ini nanti"

"Kupikir aku mungkin punya cukup waktu setelah ini... dan bahwa pada akhirnya aku akan berhasil."
— *John Bunyan, Grace Abounding*

Bunyan tidak langsung menyangkal apa yang dia ketahui. Dia menundanya.
Ada saat-saat ketika keyakinannya jelas, ketika beban kondisinya sangat menekan dirinya, dan ketika ia bahkan merasakan keinginan untuk menanggapi. Tetapi di samping keinginan itu muncul pikiran lain—tenang, masuk akal, dan sangat meyakinkan—bahwa masih ada waktu.
Waktu untuk berubah nanti.
Waktu untuk merespons pada akhirnya. Waktu untuk menangani hal-hal dengan lebih serius... di lain waktu.
Dan pemikiran ini tidak terasa seperti pemberontakan.
Rasanya seperti sebuah kebijaksanaan.
Dia tidak mengatakan "tidak."
Dia mengatakan "belum."
Dan dalam penundaan singkat itu, sesuatu yang signifikan mulai terbentuk.
Karena penundaan tidak menghilangkan keyakinan—melainkan **membentuk kembali hubungan Anda dengan keyakinan tersebut** . Apa yang dulunya terasa mendesak mulai terasa opsional. Apa yang dulunya mendesak dengan kuat mulai melunak. Dan apa yang dulunya menuntut respons mulai menunggu... hingga akhirnya tidak lagi ditanggapi sama sekali.
Bunyan hidup dalam ruang ini—sadar, gelisah, namun terus menunda apa yang ia tahu pada akhirnya harus dihadapi. Ia percaya, seperti banyak orang lainnya, bahwa masa depan

akan memberikan momen yang lebih baik. Waktu yang lebih jernih. Kesiapan yang lebih kuat.
Namun momen itu tidak pernah datang dengan sendirinya. Sebaliknya, yang berubah bukanlah kebenaran—melainkan kepekaannya terhadap kebenaran tersebut.
Anda mungkin mengenali pola ini.
Ada beberapa hal yang benar-benar ingin Anda tangani:

- kebiasaan yang ingin Anda ubah
- keputusan yang Anda tahu perlu Anda buat
- percakapan yang perlu Anda lakukan
- langkah-langkah yang Anda ketahui diperlukan

Tapi tidak hari ini.
Hari ini menjadi besok.
Besok menjadi "segera." Dan "segera" menjadi kesepakatan diam-diam bahwa belum ada yang perlu diubah.
Inilah ilusi waktu.
Bukan berarti waktu itu ada—tetapi waktu akan membuat ketaatan menjadi lebih mudah.
Itu tidak akan terjadi.
Karena apa yang sudah jelas sekarang tidak akan menjadi lebih jelas melalui penundaan. Malah akan menjadi lebih tenang. Dan apa yang menjadi tenang sering disalahartikan sebagai apa yang telah terselesaikan.
Namun masalah itu belum terselesaikan.
Acara tersebut telah ditunda.
Lalu apa yang harus dilakukan seseorang ketika ia terus menunda apa yang ia tahu harus dihadapi? Ketika ia percaya sedang bergerak menuju perubahan, tetapi tetap berada di tempat yang sama? Ketika ia mempercayai versi dirinya di masa depan yang belum terbukti lebih berani daripada dirinya saat ini?
Di sinilah perjalanan melambat—bukan karena kebenaran tidak ada, tetapi karena respons ditunda.

Pertanyaan Refleksi

- Apa yang saya katakan pada diri sendiri bahwa saya akan tangani "nanti"?

- Apa yang telah saya tunda berulang kali, padahal sudah jelas?
- Di mana saya lebih mempercayai waktu daripada mengambil tanggung jawab?
- Apa yang terasa lebih mudah ditunda daripada menghadapi hari ini?
- Apa yang sudah kehilangan urgensinya karena saya menundanya?

Refleksi Mendalam

Bunyan tidak tersesat karena penolakan terang-terangan.
Ia kehilangan waktu karena penundaan yang tenang.
Ada sesuatu dalam hidupmu yang tidak membutuhkan lebih banyak waktu.
Yang dibutuhkan adalah sebuah keputusan.
Tanyakan pada diri Anda dengan jujur:
Jika bukan sekarang—kapan lagi?
Dan apa yang membuatku percaya bahwa aku akan merespons nanti jika aku tidak merespons sekarang?
Penundaan terasa tidak berbahaya.
Tetapi itu adalah penyimpangan dari kepatuhan.

Rencana Aksi (Hanya Hari Ini)

1. **Identifikasi satu hal yang selama ini Anda tunda.**
   Sesuatu yang jelas—bukan sesuatu yang rumit.
2. **Tulis kalimat ini dengan jujur:**
   "Saya telah menunda ini karena…"
3. **Sebutkan alasan sebenarnya,**
   bukan penjelasannya—melainkan kebenarannya (ketakutan, kenyamanan, ketidaknyamanan, ketidakpastian).
4. **Ambil satu langkah kecil hari ini.**
   Bukan resolusi penuh. Hanya **pergerakan** —sesuatu yang memecah penundaan.

Doa

Tuhan,
aku menyadari bahwa aku tidak menolak apa yang Engkau tunjukkan kepadaku—aku hanya menundanya.
Aku telah mempercayai waktu alih-alih ketaatan.
Aku percaya aku akan merespons nanti, sementara memilih untuk tidak merespons sekarang.
Maafkan saya karena menunda hal yang sudah jelas.
Maafkan saya karena menganggap urgensi sebagai pilihan.
Beri aku keberanian untuk bertindak di mana aku telah menunggu,
dan untuk bergerak di mana aku telah menunda.
Jangan biarkan hari ini berlalu seperti hari-hari lainnya.
Amin.

HARI KE-6 — Ketika Ketakutan Menjadi Masalah Pribadi

Bukan Penghakiman Secara Umum—Tetapi Pertanggungjawaban untuk Anda

"Aku sangat menderita dalam hatiku... takut jangan-jangan dosa yang kulakukan ini adalah dosa yang tak terampuni, yang disebutkan dalam Kitab Suci."
— *John Bunyan, Grace Abounding*

Ada suatu titik dalam perjalanan Bunyan di mana pergumulannya tidak lagi bisa bersifat teoritis. Apa yang dulunya ia pertimbangkan secara umum—dosa, penghakiman, konsekuensi—menjadi sesuatu yang mulai ia terapkan langsung pada dirinya sendiri.
Ini bukanlah pergeseran pengetahuan.

Terjadi perubahan **kepemilikan** .
Sebelumnya, kita bisa berpikir tentang benar dan salah secara luas. Mengenali kebenaran tanpa merasa tersentuh secara pribadi. Mengakui bahwa hal-hal itu penting—tanpa harus menghadapi apa artinya bagi diri sendiri.
Namun Bunyan tidak bisa lagi tinggal di sana.
Apa yang dia baca, apa yang dia dengar, apa yang dia rasakan—semuanya mulai berbalik ke dalam dirinya. Kitab Suci tidak lagi berbicara secara umum. Kitab Suci berbicara secara spesifik. Dan apa yang dikatakannya, tidak dapat dengan mudah dia abaikan, karena tampaknya itu menemuinya tepat di tempat dia berada.
Di sinilah rasa takut berubah.
Itu sudah tidak seperti dulu lagi:
"Ada penghakiman."
Lalu berubah menjadi: *"Apa artinya ini bagi saya?"*
Dan pertanyaan itu memiliki bobot yang penting.

Karena begitu kebenaran menjadi personal, jarak pun hilang. Anda tidak lagi bisa mengamati dari luar. Anda kini termasuk dalam apa yang dulunya Anda anggap abstrak.

Bunyan merasakan hal ini dengan sangat dalam. Ia mulai takut—bukan secara samar-samar, tetapi secara langsung terkait dengan hidupnya sendiri, tindakannya sendiri, kondisinya sendiri. Ia tidak lagi mampu berpikir dalam konteks orang lain, atau bersembunyi di balik pemahaman umum.

Dia harus mempertimbangkan dirinya sendiri.

Dan di sinilah banyak orang ragu-ragu.

Karena lebih mudah memikirkan kebenaran secara umum daripada menerapkannya secara pribadi. Lebih mudah berbicara tentang apa yang benar daripada bertanya apa yang benar **untukmu, sekarang** . Lebih mudah untuk setuju daripada menghadapi kenyataan.

Anda mungkin merasakan perubahan ini mulai terjadi.

Di mana:

- Hal-hal yang dulunya Anda dengar secara umum sekarang terasa seperti diarahkan.
- Kebenaran terasa lebih dekat dari sebelumnya
- Anda merasa kurang mampu untuk mengelak atau menggeneralisasi.
- Ada sesuatu yang menekan ke dalam—bukan ke luar.

Ini bukan dimaksudkan untuk melumpuhkan Anda.

Ini dimaksudkan untuk **menempatkan Anda pada posisi yang jujur** .

Namun, ketegangan meningkat di sini.

Karena begitu sesuatu menjadi bersifat pribadi, netralitas akan hilang.

Anda tidak lagi memutuskan apakah sesuatu itu benar atau tidak.

Anda memutuskan apa yang akan Anda lakukan dengannya.

Lalu apa yang harus dilakukan seseorang ketika ia melihat bahwa apa yang telah ia pertimbangkan dari kejauhan kini berada tepat di hadapannya? Ketika ia tidak lagi dapat berbicara tentang kebenaran tanpa menyertakan dirinya

sendiri? Ketika apa yang dulunya bersifat umum kini membutuhkan tanggapan pribadi?
Di sinilah perjalanan menjadi nyata.

Pertanyaan Refleksi

- Di mana kebenaran baru-baru ini menjadi sesuatu yang personal bagi saya?
- Apa yang tidak lagi bisa saya anggap sebagai sesuatu yang "umum" atau jauh?
- Saya merasa diajak bicara secara langsung tentang apa?
- Di mana letak kesalahan saya sehingga masih mencoba berpikir secara luas alih-alih berpikir secara pribadi?
- Apa yang saya hindari dengan tidak menerapkan kebenaran pada diri sendiri?

Refleksi Mendalam

Ketakutan Bunyan tidak berakar pada imajinasi.
Itu berakar pada **kesadaran pribadi** .
Terdapat perbedaan antara:
mengetahui bahwa kebenaran itu ada
dan *mengetahui bahwa kebenaran itu berlaku untuk Anda.*
Anda sedang dibawa ke tempat kedua itu.
Tanyakan pada diri Anda:
Apa artinya ini bagi saya—bukan bagi orang lain?
Di mana posisi saya dalam hal-hal yang telah saya dengar?
Ini bukan tentang penghukuman.
Ini tentang **kejelasan tanpa jarak** .

Rencana Aksi (Hanya Hari Ini)

1. **Ambil satu kebenaran yang sudah Anda ketahui** (bukan hal baru—sesuatu yang sudah familiar).
2. **Ubah kalimatnya secara personal:**
   Alih-alih: *"Ini benar…"*
   Tulis: *"Ini benar bagi saya karena…"*

3. **Terapkan secara spesifik,**
   bukan secara umum—tetapi secara pribadi.
4. **Duduklah dengan beban itu.**
   Jangan melunakkannya. Jangan mengalihkannya kepada orang lain.

Doa

Tuhan,
aku telah mengenal kebenaran secara umum, tetapi aku tidak selalu membiarkannya menyentuhku secara pribadi.
Saya telah berbicara tentang apa yang benar
tanpa bertanya apa yang dituntut dari saya.
Hari ini, aku tidak akan berjauhan.
Aku tidak akan menghindari apa yang ditunjukkan kepadaku.
Bantulah aku menerima kebenaran sebagaimana adanya—
bukan yang abstrak, melainkan yang personal.
Berilah aku keberanian untuk berdiri di tempat di mana ia berada,
dan jangan berpaling.
Amin.

HARI KE-7 — Beban Menjadi Terlihat

Ketika Apa yang Kamu Bawa Tak Bisa Lagi Disembunyikan darimu

"Aku menyadari bahwa aku penuh dosa… dan itu akan menghancurkan hatiku berkeping-keping."
— *John Bunyan, Grace Abounding*

Ada suatu momen dalam perjalanan Bunyan ketika apa yang dulunya dirasakan di dalam hati bukan lagi sekadar perasaan—itu menjadi sesuatu yang kini dapat dilihatnya dengan jelas.
Bukan dengan matanya, tetapi dengan pemahaman.
Apa yang tadinya merupakan gangguan kini menjadi kepastian.
Apa yang tadinya merupakan kegelisahan kini menjadi pengakuan. Apa yang tadinya tersembunyi di balik lapisan kebiasaan dan penundaan kini berdiri di hadapannya sebagai sesuatu yang tak terbantahkan.
Dia tidak lagi berbicara secara umum.
Dia tidak lagi bertanya-tanya apa yang salah.
Dia tahu.
Dan pengetahuan ini tidak membawa kelegaan.
Malah membawa beban.
Karena melihat dengan jelas berbeda dengan merasakan secara samar-samar. Ketika sesuatu tidak terdefinisi, hal itu dapat dikelola, ditunda, atau diringankan. Tetapi ketika hal itu menjadi terlihat—ketika hal itu mengambil bentuk dan kejelasan—Anda tidak dapat lagi berpura-pura bahwa itu kecil, atau sementara, atau tidak penting.
Bunyan mencapai titik itu.
Dia melihat kondisinya—bukan sebagian, bukan secara selektif, tetapi dengan kejelasan yang tidak memungkinkannya

untuk meremehkannya. Dan begitu dia melihatnya, dia tidak bisa kembali ke tempat di mana dia tinggal sebelumnya.
Inilah momen yang dihindari banyak orang.
Bukan karena kebenaran tidak tersedia,
tetapi karena kejelasan itu mahal.
Anda mungkin sedang mendekati—atau sudah berada di—tempat yang sama.
Di mana:

- Anda tidak lagi menebak-nebak apa yang salah.
- Anda tidak lagi menggeneralisasi kondisi Anda.
- Anda tidak lagi membandingkan diri Anda dengan orang lain untuk mendapatkan kenyamanan.

Kamu bisa melihatnya.
Jelas. Secara pribadi. Secara spesifik.
Dan dengan kejelasan itu muncullah beban yang tidak bisa diabaikan.
Karena begitu beban itu terlihat,
maka **Anda sendirilah yang harus menanganinya** .
Tidak ada lagi jarak.
Tidak ada lagi ketidakpastian. Tidak ada lagi kepura-puraan.
Lalu apa yang harus dilakukan seseorang, ketika apa yang dibawanya tak lagi tersembunyi darinya? Ketika ia melihat bukan hanya bahwa ada sesuatu yang salah, tetapi juga apa itu, dan bahwa itu adalah miliknya?
Di sinilah pencerahan menyelesaikan pekerjaannya.
Bukan dalam hal emosi.
Tetapi dalam hal kejelasan.

Pertanyaan Refleksi

- Apa yang sekarang saya lihat dengan jelas tentang diri saya sendiri yang sebelumnya tidak bisa—atau tidak mau—saya lihat?
- Apa yang telah menjadi tak terbantahkan dalam hidupku?
- Apa yang tidak bisa lagi saya abaikan atau jelaskan begitu saja?
- Di mana kejelasan telah menggantikan kebingungan?

- Apa tanggung jawabku sekarang yang sebelumnya kuhindari?

Refleksi Mendalam

Bunyan tidak mudah mencapai kejelasan.
Tetapi begitu ia mencapainya, ia tidak bisa meninggalkannya.
Ada sesuatu dalam hidupmu yang tidak lagi ambigu.
Anda tidak lagi mencarinya.
Anda berdiri di hadapannya.
Tanyakan pada diri Anda:
Apa yang sekarang saya lihat dan tidak bisa saya lupakan?
Apakah saya masih mencoba menyederhanakan apa yang sudah dijelaskan dengan jelas?
Kejelasan tidak diberikan untuk membuatmu kewalahan.
Kejelasan diberikan agar kamu tidak lagi bisa tetap berada di tempatmu sekarang.

Rencana Aksi (Hanya Hari Ini)

1. **Sebutkan beban tersebut dengan jelas.**
   Bukan secara umum—tetapi secara spesifik.
2. **Tulis kalimat ini:**
   "Yang sekarang saya lihat dengan jelas adalah..."
3. **Jangan memperhalus bahasanya.**
   Biarkan bahasanya lugas dan apa adanya.
4. **Bacalah dengan lantang (secara pribadi).**
   Dengarkanlah—jangan hanya memikirkannya.

Doa

Tuhan,
Engkau telah membawaku ke tempat di mana aku dapat melihat dengan jelas.
Tidak sebagian.
Tidak secara umum. Tapi secara pribadi.
Dan aku tidak bisa kembali ke tempatku semula.
Tolonglah aku agar tidak meremehkan apa yang telah Engkau nyatakan.

Tolonglah aku agar tidak melunakkan apa yang telah Engkau jelaskan.
Berilah aku kekuatan untuk berdiri teguh dalam kebenaran—sekalipun kebenaran itu berat.
Dan persiapkan aku untuk apa yang akan terjadi selanjutnya.
Amin.

HARI KE-8 — Titik Tanpa Kembali

Saat Kamu Tak Bisa Berpura-pura Lagi

"Aku kini terdesak ke dalam situasi sulit… Aku harus meninggalkan dosa-dosaku, atau kehilangan jiwaku."
— *John Bunyan, Grace Abounding*

Ada suatu titik dalam perjalanan Bunyan di mana ketegangan yang selama ini ia pikul tidak bisa lagi dibiarkan tanpa penyelesaian.
Sebelumnya, memang ada pergerakan—tetapi bersifat internal.
Kesadaran telah tumbuh. Keyakinan telah menguat. Kejelasan telah terbentuk.

Namun kini ada sesuatu yang berubah.
Jarak antara mengetahui dan memutuskan mulai menyempit.
Bunyan menyadari bahwa apa yang dihadapinya tidak dapat ditangani selamanya. Itu tidak akan hilang seiring waktu. Itu tidak akan mereda dengan pengalihan perhatian. Itu tidak akan terselesaikan dengan sendirinya tanpa adanya respons.
Dia telah mencapai titik di mana:

- penundaan tidak lagi terasa netral
- menghindari masalah sudah tidak mungkin lagi.
- dan berpura-pura tidak lagi berhasil

Dia menggambarkannya sebagai berada dalam **situasi sulit** —tempat sempit di mana pilihan tidak lagi luas, dan di mana ilusi kendali mulai menghilang.
Ini bukanlah tempat di mana tekanan diberikan dari luar.
Ini adalah tempat di mana kebenaran datang dari dalam.
Anda mungkin mengenali momen ini.
Di mana:

- Anda tidak bisa melupakan apa yang sekarang Anda ketahui.

- Anda tidak bisa kembali ke kenyamanan ketidakjelasan.
- Anda tidak dapat melanjutkan seperti sebelumnya tanpa kesadaran yang menyela Anda.

Dari luar mungkin tidak ada yang berubah.
Tetapi di dalam hati, semuanya telah berubah.
Dan inilah yang membuat momen ini begitu penting.
Karena begitu Anda mencapai titik ini, Anda mungkin masih bisa menunda—tetapi Anda tidak bisa menunda **tanpa sengaja** . Anda mungkin masih bisa menolak—tetapi Anda tidak bisa menolak **tanpa menyadarinya** .
Sesuatu telah berubah secara permanen.
Bunyan memahami hal ini dengan sangat mendalam. Ia melihat bahwa apa yang ada di hadapannya bukanlah sebuah pilihan, bukan penyesuaian, bukan perbaikan bertahap—melainkan sebuah keputusan yang akan menentukan arah.
Tidak sempurna.
Tapi jujur saja.
Lalu apa yang harus dilakukan seseorang ketika menyadari bahwa berdiam diri bukanlah lagi pilihan netral? Ketika melanjutkan seperti sebelumnya terasa seperti memilih melawan apa yang telah dilihatnya? Ketika jalan di depan tidak sepenuhnya jelas, tetapi tetap berada di tempatnya sekarang sudah menjadi hal yang mustahil?
Inilah titik tanpa kembali.
Bukan karena kamu dipaksa maju,
tetapi karena kamu tidak lagi bebas untuk berpura-pura.

Pertanyaan Refleksi

- Apa yang telah menjadi tak terubah dalam kesadaran saya?
- Di titik mana saya tidak bisa lagi berpura-pura "tidak ada yang berubah"?
- Apa tanggung jawab saya sekarang, terlepas dari apakah saya bertindak atau tidak?
- Di mana penundaan sekarang terasa seperti sebuah keputusan, bukan jeda?

- Saya sedang berdiri di mana sekarang?

Refleksi Mendalam

Titik balik Bunyan bukanlah sesuatu yang menggelegar.
Itu **bersifat pasti** .
Anda tidak diminta untuk mengetahui segalanya.
Anda diminta untuk mengenali:
Kamu sudah tidak berada di tempatmu dulu lagi.
Tanyakan pada diri Anda:
Apa yang tidak bisa lagi saya kembalikan—sekalipun saya mencoba?
Apa yang sudah berubah dalam diriku, entah aku menyadarinya atau tidak?
Ini bukan soal tekanan.
Ini soal **kebenaran yang menjadi final di salah satu area kehidupan Anda** .

Rencana Aksi (Hanya Hari Ini)

1. **Identifikasi satu area yang tidak bisa Anda kunjungi lagi**
   . Sebutkan secara spesifik.
2. **Tulis kalimat ini:**
   "Aku tidak bisa lagi berpura-pura bahwa..."
3. **Berdiam dirilah tanpa mencoba menyelesaikannya.**
   Jangan terburu-buru memperbaikinya. Cukup akui saja sepenuhnya.
4. **Singkirkan satu bentuk penghindaran kecil hari ini**
   (sesuatu yang telah Anda gunakan untuk mengalihkan perhatian dari kenyataan ini)

Doa

Tuhan,
sekarang aku menyadari bahwa aku tidak lagi berada di tempatku dulu.
Apa yang dulu saya abaikan, kini saya sadari.
Apa yang dulu saya tunda, kini saya rasakan mendesak.

Tolonglah aku untuk tidak berpura-pura ketika Engkau telah menjelaskan semuanya.
Tolonglah aku untuk tidak kembali kepada apa yang sekarang kuketahui tidak benar.
Berikan aku keberanian untuk berdiri dengan jujur di saat ini—
tanpa melarikan diri, tanpa menyangkal.
Dan persiapkan hatiku untuk apa yang akan datang selanjutnya.
Amin.

FASE 2 — Pemisahan (Hari ke-9–16)

Pergi, perlawanan, suara-suara, kepatuhan dini

HARI KE-9 — Langkah Pertama Menuju

Saat Ketaatan Dimulai—Canggung, Tidak Pasti, tetapi Nyata

"Maka aku melihat dalam mimpiku, bahwa seorang pria mulai berlari... istri dan anak-anaknya yang melihatnya, mulai menangis memanggilnya untuk kembali; tetapi pria itu menutup telinganya dengan jari-jarinya, dan terus berlari sambil berteriak, Hidup! Hidup! Hidup abadi!"
— *John Bunyan, The Pilgrim's Progress*

Saya tidak pergi karena saya memahami semuanya.
Aku pergi karena aku tidak sanggup lagi tinggal.
Ada masanya ketika aku bisa duduk di antara mereka—berbicara seperti mereka berbicara, tertawa seperti mereka tertawa, hidup seolah tak ada yang menekan diriku. Tapi masa itu telah berlalu. Sesuatu telah berubah dalam diriku, dan meskipun segala sesuatu di sekitarku tampak sama, aku tidak lagi sama di dalam diriku.
Beban yang kupikul tak memungkinkanku untuk beristirahat di tempat yang dulunya kutemukan ketenangan.
Lalu aku mulai bergerak.
Bukan dengan kejelasan jalan di depan. Bukan dengan kekuatan atau kepercayaan diri. Tetapi dengan urgensi yang semakin meningkat yang membuat penundaan terasa berbahaya. Aku tidak bisa menjelaskannya sepenuhnya kepada orang-orang di sekitarku, dan aku tidak mengharapkan mereka untuk mengerti. Bagaimana mungkin mereka mengerti? Mereka tidak merasakan apa yang kurasakan, atau melihat apa yang mulai kulihat.
Namun, ketika saya mulai bergerak, mereka menyadarinya.
Mereka memanggilku.

Sebagian dengan kekhawatiran. Sebagian dengan kebingungan. Sebagian dengan ketidaksabaran. Mereka meminta saya untuk kembali—untuk menunggu, untuk mempertimbangkan kembali, untuk memperlambat. Apa yang saya lakukan tidak masuk akal bagi mereka. Itu tidak tampak wajar. Itu tidak tampak perlu.

Dan untuk sesaat, aku mendengar mereka.

Suara mereka terdengar familiar. Kehadiran mereka terasa akrab. Segala sesuatu yang mereka wakili dulu sudah cukup bagiku. Namun sekarang, bahkan saat mereka memanggil, aku tahu sesuatu telah berubah yang tak bisa diubah lagi.

Jadi saya melakukan sesuatu yang terasa tidak wajar.

Aku menutup diri dari suara-suara di belakangku.

Bukan karena aku membenci mereka,

tetapi karena aku tidak mampu untuk berbalik melawan mereka.

Lalu aku berlari.

Bukan karena saya yakin,

tetapi karena saya terpaksa.

Menangis bukan dengan kefasihan, tetapi dengan urgensi:

Kehidupan. Kehidupan. Kehidupan abadi.

Beginilah langkah pertama sering kali dimulai.

Tidak bersih.

Tidak teratur. Tidak sepenuhnya dipahami.

Tapi nyata.

Anda mungkin sedang berada di momen yang sama.

Saat sesuatu dalam dirimu mulai bergerak, meskipun segala sesuatu di sekitarmu memintamu untuk tetap diam. Saat langkah yang sedang kamu pertimbangkan tidak terasa mengesankan—melainkan terasa canggung, rentan, bahkan mengganggu.

Anda mungkin belum tahu ke mana ini akan mengarah.

Tapi kamu tahu ini:

Tetap bertahan bukanlah tindakan yang jujur lagi.

Dan itu sudah cukup untuk memulai.

Karena langkah pertama bukanlah tentang sampai ke tujuan. Melainkan tentang **meninggalkan apa yang sekarang Anda tahu tidak dapat Anda tinggali lagi** .

Lalu apa yang harus dilakukan seseorang, ketika tempat yang dikenalnya tak lagi sesuai dengan apa yang dilihatnya? Ketika suara-suara di belakangnya kuat, tetapi keyakinan di dalam dirinya lebih kuat? Ketika ia belum tahu jalannya, tetapi ia tahu ia harus memulai?

Dia bergerak.

Tidak sempurna.

Tapi jujur.

Pertanyaan Refleksi

- Di titik mana saya merasa bahwa saya tidak bisa lagi tetap seperti sebelumnya?
- Langkah apa yang saya hindari karena terasa canggung atau disalahpahami?
- Suara siapa yang masih kudengarkan dan membuatku tetap di tempat?
- Mana yang terasa lebih tidak nyaman saat ini—melangkah maju atau tetap di tempat saya sekarang?
- Bagaimana jadinya jika saya memulai, meskipun tanpa kejelasan sepenuhnya?

Refleksi Mendalam

Bunyan tidak memulai dengan kepastian.

Dia memulai dengan **keyakinan yang lebih besar daripada kenyamanan** .

Anda tidak diminta untuk menjelaskan semuanya.

Anda tidak diminta untuk merasa siap.

Anda diminta untuk:

Apa yang sudah Anda ketahui yang membutuhkan gerakan?

Dan lebih jujur lagi:

Apa yang menghalangi Anda untuk mengambil langkah pertama itu?

Rencana Aksi (Hanya Hari Ini)

1. **Identifikasi satu langkah yang sudah Anda tunda.**
   Bukan sesuatu yang baru—melainkan sesuatu yang sudah Anda ketahui.
2. **Lakukan segera.**
   Sesuatu yang bisa Anda tindak lanjuti hari ini.
3. **Lakukan secara diam-diam.**
   Tanpa pengumuman. Tanpa pembenaran.
4. **Jangan menilai bagaimana rasanya.**
   Kepatuhan tidak divalidasi oleh kenyamanan.

Doa

Tuhan,
aku tetap berada di zona nyamanku, bahkan ketika aku tahu aku tidak bisa tinggal di sana.
Hari ini, saya tidak akan menunggu kejelasan yang belum saya miliki.
Saya akan bergerak dengan apa yang sudah saya ketahui.
Beri aku keberanian untuk mengambil langkah pertama—
bahkan ketika terasa tidak pasti, bahkan ketika terasa disalahpahami.
Bantulah aku agar tidak berbalik
ketika aku sudah melihat cukup banyak hal untuk memulai.
Kuatkan aku untuk terus maju—
tidak sempurna, tetapi dengan jujur.
Amin.

HARI KE-10 — Suara-Suara di Balik Dirimu

Ketika Apa yang Kau Tinggalkan Mulai Memanggilmu Kembali

"Maka aku melihat dalam mimpiku, bahwa mereka semua mulai berteriak memanggilnya untuk kembali; tetapi dia menutup telinganya dengan jari-jarinya, dan terus berlari..."
— *John Bunyan, The Pilgrim's Progress*

Ketika aku mulai bergerak, aku tidak pergi dengan tenang. Saya pikir mungkin saya bisa menyelinap pergi tanpa disadari, bahwa saya bisa memulai perjalanan ini tanpa gangguan.
Tetapi begitu arah saya berubah, segala sesuatu di sekitar saya seolah menyadarinya.
Mereka memanggilku.
Tidak semuanya memiliki suara yang sama,
tetapi semuanya memiliki niat yang sama.
Beberapa orang menelepon dengan lembut, meminta saya untuk mempertimbangkan kembali. Mereka berbicara tentang akal sehat, kesabaran, dan menunggu hingga waktu yang lebih tepat. Mereka mengingatkan saya tentang apa yang saya tinggalkan—apa yang sudah familiar, apa yang aman, apa yang sudah saya ketahui.
Yang lain menelepon dengan tergesa-gesa, seolah-olah saya melakukan kesalahan yang masih bisa diperbaiki. Mereka berbicara tentang tanggung jawab, tentang harapan, tentang bagaimana tindakan saya akan dilihat. Mereka tidak mengerti mengapa saya meninggalkan apa yang selama ini sudah cukup bagi saya.
Dan beberapa di antaranya sama sekali tidak menelepon dengan nada prihatin.
Mereka mengejek.

Mereka menertawakan apa yang tidak mereka mengerti.
Mereka mereduksi apa yang menurutku serius menjadi sesuatu yang tidak perlu, berlebihan, bahkan bodoh. Apa yang kurasakan sebagai keyakinan, mereka tafsirkan sebagai reaksi berlebihan.
Dan untuk sesaat, aku mendengar semuanya.
Suara-suara mereka tidak asing bagiku. Itu adalah suara-suara yang telah kukenal, yang kusetujui, yang kupercayai. Mereka bukanlah musuh. Mereka akrab, dan itulah yang membuat sulit untuk menolak mereka.
Karena apa yang memanggilmu kembali jarang muncul sebagai penentangan.
Itu muncul sebagai **alasan** .
Sebagai **kepedulian** .
Sebagai **kenormalan** .
Namun, bahkan saat aku mendengarkan mereka, aku tahu sesuatu yang tidak mereka ketahui.
Aku tahu apa yang kubawa.
Mereka tidak bisa melihat beban di pundakku.
Mereka tidak bisa merasakan berat yang menekanku. Mereka tidak bisa mengerti mengapa bertahan di sini sudah tidak mungkin lagi.
Dan begitulah mereka berbicara dari tempat mereka berdiri, sementara aku bergerak dari apa yang sekarang kuketahui.
Di sinilah pergumulan semakin mendalam.
Karena suara-suara di belakangmu tidak selalu terdengar salah.
Suara-suara itu terdengar **masuk akal** .
Mereka bertanya:

- *Mengapa sekarang?*
- *Mengapa harus seekstrem ini?*
- *Mengapa tidak menunggu?*
- *Mengapa tidak tetap seperti dirimu sekarang?*

Dan jika Anda mendengarkan cukup lama, semuanya mulai masuk akal.
Itulah mengapa saya melakukan apa yang saya lakukan.
Aku menutup telingaku.

Bukan karena aku membenci mereka,
tetapi karena aku tahu bahwa jika aku mendengarkan, aku mungkin akan berhenti.
Dan jika aku berhenti, aku mungkin akan kembali.
Dan jika aku kembali, aku akan kembali dengan sadar.
Jadi aku lari.
Bukan karena saya yakin dengan jalan di depan,
tetapi karena saya yakin dengan apa yang telah saya tinggalkan.
Anda mungkin akan mendapati diri Anda di sini.
Di mana langkah yang telah Anda ambil telah membangkitkan suara-suara—
internal atau eksternal—yang kini memanggil Anda kembali.
Bunyinya mungkin seperti:

- logika
- peringatan
- keseimbangan
- tanggung jawab

Namun di baliknya terdapat sesuatu yang lain:
Ketertarikan pada apa yang sudah pernah Anda lihat tidak lagi tepat untuk Anda.
Ini tidak selalu berisik.
Ini terus-menerus terjadi.
Dan itu tidak meminta Anda untuk menolak kebenaran.
Itu meminta Anda untuk **menundanya, melunakkannya, atau menafsirkannya kembali** .
Lalu apa yang harus dilakukan seseorang ketika suara-suara di belakangnya terasa familiar, persuasif, dan terus-menerus?
Ketika apa yang tersisa baginya mulai muncul kembali—
bukan seperti semula, tetapi sebagai sesuatu yang dapat dikelola?
Dia harus memutuskan suara mana yang akan dia ikuti.
Bukan hanya sekali.
Tapi berulang kali.
Karena ini bukan hanya satu momen.
Ini adalah ketegangan yang berkelanjutan.

Dan jika Anda tidak belajar untuk membedakannya sejak dini, Anda akan mulai hanyut tanpa menyadarinya.

Pertanyaan Refleksi

- Suara-suara apa yang menjadi lebih lantang sejak saya mulai melangkah maju?
- Manakah dari suara-suara ini yang terdengar masuk akal—tetapi malah membawa saya mundur?
- Apa yang saya dianjurkan untuk tunda, kurangi, atau pertimbangkan kembali?
- Ke mana aku tergoda untuk kembali—bukan karena itu benar, tetapi karena itu sudah familiar?
- Kebenaran apa yang sekarang sedang saya pertaruhkan?

Refleksi Mendalam

Bunyan tidak membungkam suara-suara itu karena semuanya salah.
Dia membungkam mereka karena mereka **cukup kuat untuk membuatnya berbalik** .
Anda harus menyadari hal ini:
Tidak setiap suara yang terdengar masuk akal selaras dengan kebenaran.
Tanyakan pada diri Anda:
Apa yang sedang saya dengarkan sehingga melemahkan tekad saya?
Di mana saya memberi ruang pada hal-hal yang seharusnya saya tutup?
Ini bukan tentang menolak orang.
Ini tentang **melindungi arah** .

Rencana Aksi (Hanya Hari Ini)

1. **Identifikasi satu suara yang memengaruhi Anda secara negatif**
   (eksternal atau internal)
2. **Sebutkan apa yang diperintahkan kepada Anda.**
   Jujurlah.

3. **Ciptakan jarak darinya hari ini**
   (diamkan, batasi, menjauhinya)
4. **Perkuat apa yang sudah Anda ketahui sebagai kebenaran.**
   Tuliskan. Ulangi.

Doa

Tuhan,
aku mendengar banyak suara, dan tidak semuanya menuntunku maju.
Beberapa terdengar masuk akal,
tetapi malah menarik saya kembali ke titik yang sudah saya tinggalkan.
Berilah aku kebijaksanaan untuk mengenali apa yang tidak sesuai dengan kehendak-Mu,
bahkan ketika hal itu terdengar familiar dan meyakinkan.
Bantulah aku untuk menutup telinga di saat-saat yang memang harus kulakukan,
dan perkuat tekadku untuk terus maju.
Jangan sampai aku kembali membahas apa yang sudah kulihat dengan jelas.
Jaga agar arahku tetap stabil,
bahkan ketika aku merasakan tarikan di belakangku.
Amin.

HARI KE-11 — Biaya Akibat Disalahpahami

Ketika Ketaatan Memisahkanmu dari Mereka yang Tidak Melihat Apa yang Kamu Lihat

"Dan sebagian mengejek, sebagian mengancam, dan sebagian lagi berteriak memanggilnya untuk kembali..."
— *John Bunyan, The Pilgrim's Progress*

Ketika aku mulai bergerak, kupikir pergumulan itu akan tetap berada di dalam diriku.
Saya tidak menyangka hal itu akan mulai membentuk bagaimana orang lain memandang saya.
Awalnya, mereka hanya memanggil-manggilku. Suara mereka mengikuti, tetapi mereka tetap di tempat mereka berada.
Namun, saat aku melanjutkan perjalanan, sesuatu berubah—bukan pada diri mereka, tetapi pada cara mereka memandangku.
Aku bukan lagi sekadar "salah satu dari mereka."
Aku telah menjadi orang lain.
Bukan karena saya yang menyatakannya,
tetapi karena saya telah memilih arah yang tidak mereka pahami.
Dan begitulah mereka mulai menafsirkan saya.
Ada yang bilang aku sudah keterlaluan.
Ada yang bilang aku sudah menjadi ekstrem. Ada yang bilang aku bereaksi berlebihan, terlalu serius menanggapi sesuatu, dan meninggalkan hal-hal yang sebenarnya tidak perlu ditinggalkan.
Yang lain sama sekali tidak berusaha untuk memahami.
Mereka memecat saya.
Apa yang kubawa, mereka tak bisa melihatnya.
Apa yang kuketahui, mereka tak merasakannya. Dan karena itu, apa yang masuk akal bagiku tampak tak perlu bagi mereka.
Di sinilah ketaatan menjadi nyata.
Tidak hanya untukmu,
tetapi juga untuk orang lain.

Dan ketika orang lain tidak dapat memahami keyakinan Anda, mereka akan menjelaskan perilaku Anda dengan cara yang masuk akal bagi mereka.
Tidak selalu dengan niat jahat.
Tetapi hampir selalu salah.
Aku mulai merasakan hal ini.
Jarak itu bukan lagi sekadar jarak fisik—melainkan jarak relasional. Percakapan berubah. Tanggapan bergeser. Apa yang dulunya terasa sama kini terasa terpecah.
Dan di sinilah beratnya meningkat.
Karena meninggalkan hal yang sudah familiar adalah satu hal.
Disalahpahami karena hal itu adalah hal lain .
Anda mungkin akan mendapati diri Anda di sini.
Di mana:

- Keputusan Anda dipertanyakan
- Arahan Anda diartikan
- Ketaatanmu diberi label

Bukan karena penjelasanmu buruk,
tetapi karena apa yang kamu tanggapi tidak terlihat oleh orang lain.
Di sinilah banyak orang berbalik arah.
Bukan karena mereka kehilangan keyakinan,
tetapi karena mereka merasakan konsekuensi dari terus melanjutkan.
Keinginan untuk dipahami sangat kuat.
Keinginan untuk tetap terhubung, diterima, dan ditegaskan tidak hilang ketika Anda mulai bergerak. Bahkan, seringkali keinginan itu menjadi lebih kuat, karena apa yang Anda lakukan mulai memisahkan Anda dari apa yang dulunya menegaskan keberadaan Anda.
Maka pertanyaannya menjadi:
Apakah dipahami lebih penting daripada patuh?
Ini bukan pertanyaan yang mudah.
Karena kepatuhan dapat mengisolasi Anda dengan cara yang tidak Anda duga.
Tidak sepenuhnya.
Tapi cukup untuk dirasakan.

Lalu apa yang harus dilakukan seseorang, ketika terus maju berarti dipandang secara tidak benar? Ketika orang-orang di sekitarnya tidak dapat mengikuti penalaran yang dianutnya karena mereka tidak memiliki keyakinan yang sama ? Ketika ketaatan mulai merugikannya bukan hanya kenyamanan, tetapi juga pemahaman?
Dia melanjutkan.
Bukan karena itu mudah,
tetapi karena berbalik arah berarti dia harus menyangkal apa yang sudah dia ketahui.

Pertanyaan Refleksi

- Kapan saya mulai merasa tidak dipahami karena keputusan-keputusan saya?
- Bagian mana dari ketaatan saya yang sulit dijelaskan kepada orang lain?
- Di mana saya tergoda untuk mengubah arah agar mendapatkan kembali persetujuan?
- Apa yang lebih penting saat ini—dipahami atau selaras?
- Siapa yang kuharapkan untuk menegaskan apa yang belum bisa mereka lihat?

Refleksi Mendalam

Bunyan tidak berharap untuk dipahami.
Dia berharap bisa **bergerak dengan apa yang dia ketahui** .
Anda harus menyadari hal ini:
Tidak semua orang akan melihat apa yang Anda lihat saat Anda melihatnya.
Dan jika kamu membutuhkan pengertian mereka sebelum kamu patuh,
kamu akan tetap berada di tempatmu sekarang.
Tanyakan pada diri Anda:
Di mana saya harus menunggu validasi sebelum melanjutkan?
Apa yang saya sesuaikan agar orang lain merasa nyaman dengan arahan saya?

Ini bukan tentang menolak orang.
Ini tentang menolak **menukar kebenaran dengan penerimaan** .

Rencana Aksi (Hanya Hari Ini)

1. **Identifikasi di mana Anda merasa tidak dipahami.**
   Sebutkan secara spesifik.
2. **Hilangkan kebutuhan untuk menjelaskannya secara lengkap.**
   Tidak semua orang perlu memahaminya.
3. **Lakukan satu langkah kepatuhan tanpa mencari persetujuan**
   . Dengan tenang. Dengan sengaja.
4. **Tahan keinginan untuk menyesuaikan posisi demi kenyamanan**
   . Tetaplah pada posisi yang benar.

Doa

Tuhan,
aku merasakan beban karena merasa disalahpahami.
Apa yang saya lihat, orang lain tidak melihatnya.
Apa yang saya tanggapi, orang lain tidak merasakannya.
Tolonglah aku agar tidak menukar ketaatan dengan penerimaan.
Tolonglah aku agar tidak mengubah apa yang telah Engkau nyatakan dengan jelas hanya agar dipahami.
Berilah aku kekuatan untuk terus melanjutkan,
bahkan ketika aku merasa sendirian dalam apa yang kulakukan.
Biarlah arah hidupku dibentuk oleh kebenaran,
bukan oleh persetujuan.
Dan jagalah aku tetap teguh,
bahkan ketika itu membuatku harus memahami sesuatu.
Amin.

HARI KE-12 — Kepatuhan Sebagian Tetaplah Penundaan

Saat Kamu Bergerak—Tapi Tahan Sesuatu

"Kupikir aku boleh tetap menyimpan beberapa dosa… dan tetap melanjutkan perjalanan ini ke surga."
— *John Bunyan, Grace Abounding*

Saat pertama kali mulai pindah, saya tidak pernah membayangkan bahwa saya harus meninggalkan semuanya. Saya pikir itu sudah cukup untuk memulai.
Untuk menyesuaikan hal-hal tertentu.
Untuk mengubah apa yang paling terlihat. Untuk membiarkan apa yang jelas-jelas salah.
Namun tidak semuanya.
Ada beberapa hal yang masih ingin saya bawa—dengan tenang, hati-hati, tanpa menarik perhatian. Hal-hal yang saya katakan pada diri sendiri tidak terlalu serius, tidak terlalu mendesak, tidak terlalu perlu untuk segera ditangani.
Saya meyakinkan diri sendiri bahwa saya bisa terus maju dan menanganinya nanti.
Bahwa aku bisa menempuh jalan ini… dan tetap menyimpan sesuatu.
Dan untuk sementara waktu, hal ini tampak masuk akal.
Lagipula, aku sudah mulai bergerak. Aku tidak lagi berada di tempatku sebelumnya. Aku tidak lagi mengabaikan segalanya.
Aku sedang membuat kemajuan.
Namun, sesuatu di dalam diriku tidak tenang.
Karena bahkan saat aku bergerak, aku tahu ada bagian dari diriku yang tidak ikut serta.
Inilah bahaya yang tersembunyi.
Tidak berhenti.
Tidak berbalik.
Namun, **membagi diri sendiri** ...

Di mana satu bagian bergerak maju,
dan bagian lainnya tetap tertinggal.
Bunyan merasakan ketegangan ini dengan sangat dalam.
Dia menulis bukan sebagai seseorang yang melawan secara terbuka,
tetapi sebagai seseorang yang mencoba **bernegosiasi secara diam-diam** .
Untuk menyimpan sesuatu.
Menunda sesuatu.
Mengelola sesuatu daripada melepaskannya.
Dan di sinilah perjalanan menjadi rumit.
Karena kepatuhan sebagian bisa terlihat seperti kemajuan.
Ini bisa terasa seperti sebuah pertumbuhan.
Hal itu bahkan bisa meyakinkan Anda bahwa Anda sudah melakukan cukup banyak.
Namun di baliknya terdapat sesuatu yang lain:
penyerahan yang belum selesai
Anda mungkin mengenali ini.
Di mana:

- Anda telah mengambil langkah-langkah, tetapi bukan langkah yang Anda tahu paling penting.
- Anda telah meninggalkan apa yang tampak jelas, tetapi menyimpan apa yang tersembunyi.
- Anda telah menyesuaikan perilaku, tetapi belum sepenuhnya mengalah.

Dan karena Anda sedang bergerak, mudah untuk percaya bahwa semuanya sudah selaras.
Namun kenyataannya tidak demikian.
Karena ketaatan tidak diukur dari seberapa banyak kamu berubah,
tetapi dari apa yang kamu **tolak untuk lepaskan** .
Lalu apa yang harus dilakukan seseorang ketika ia menyadari bahwa ia bergerak, tetapi tidak sepenuhnya? Ketika ia melihat bahwa apa yang telah ia pertahankan diam-diam membentuk arah hidupnya? Ketika ia tahu bahwa apa yang tetap tak tergantikan bukanlah netral, melainkan aktif?
Dia harus menghadapinya.

Tidak secara bertahap.
Tidak pada akhirnya.
Tapi jujur saja.

Pertanyaan Refleksi

- Apa yang masih saya pegang erat-erat saat mencoba melangkah maju?
- Di mana saya meyakinkan diri sendiri bahwa "ini bisa menunggu"?
- Apa yang telah saya sesuaikan secara eksternal tetapi belum saya lepaskan secara internal?
- Bagian mana dari hidupku yang masih terpecah?
- Apa yang saya tahu perlu saya lepaskan—tetapi belum saya lepaskan?

Refleksi Mendalam

Bunyan tidak melawan karena dia menolak untuk bergerak.
Dia kesulitan karena dia mencoba **bergerak tanpa sepenuhnya menyerah** .
Anda harus menyadari hal ini:
Kepatuhan sebagian bukanlah hal yang tidak berbahaya.
Hal itu menunda apa yang pada akhirnya harus dihadapi.
Tanyakan pada diri Anda:
Apa yang coba kubawa padahal tidak bisa ikut bersamaku?
Apa yang telah saya benarkan padahal saya sudah tahu itu tidak sesuai?
Ini bukan tentang kesempurnaan.
Ini tentang **arah yang tak terpecahkan** .

Rencana Aksi (Hanya Hari Ini)

1. **Identifikasi satu hal yang masih Anda pegang teguh**
   . Sebutkan secara spesifik. Jangan generalisasi.
2. **Sebutkan alasan mengapa Anda belum melepaskannya**
   (ketakutan, keterikatan, kemudahan, kebiasaan)

3. **Ambil satu langkah tegas untuk mewujudkannya hari ini.**
   Bukan simbolis—melainkan nyata.
4. **Jangan bernegosiasi lagi dengannya hari ini.**
   Tutup siklusnya.

Doa

Tuhan,
aku telah mulai bergerak, tetapi sekarang aku menyadari
bahwa aku belum sepenuhnya menyerahkan diri.
Ada beberapa hal yang saya simpan,
karena berpikir saya bisa meneruskannya ke generasi berikutnya.
Tapi sekarang aku tahu mereka tidak pantas berada di jalan ini.
Berilah aku keberanian untuk melepaskan apa yang selama ini kupegang.
Bantulah aku agar tidak memisahkan diri antara kebenaran dan kenyamanan.
Biarlah ketaatanku menjadi utuh,
bukan sebagian.
Dan kuatkanlah aku untuk melangkah maju
tanpa menahan apa yang harus diserahkan.
Amin.

HARI KE-13 — Gerbang Sempit Tidak Ramai

Saat Anda menyadari bahwa hanya sedikit orang yang memilih apa yang Anda pilih.

"Lalu penginjil berkata, 'Tetaplah arahkan cahaya itu ke matamu, dan naiklah langsung ke sana… maka engkau akan melihat gerbang itu.'"
— *John Bunyan, The Pilgrim's Progress*

Saat pertama kali saya memulai perjalanan ini, saya berpikir mungkin orang lain akan mengikuti jejak saya.
Hal itu tampak masuk akal. Jika apa yang kulihat itu benar, jika apa yang kubawa itu nyata, maka pasti orang lain juga akan menyadarinya. Pasti orang lain akan merasakan urgensi yang sama, kebutuhan yang sama untuk bergerak, keengganan yang sama untuk tetap tinggal.
Namun, saat saya melanjutkan, saya mulai memperhatikan sesuatu yang tidak saya duga.
Jalan yang saya lalui tidak ramai.
Banyak yang mendengar.
Banyak yang mengamati. Bahkan banyak yang setuju.
Namun sangat sedikit yang pindah.
Aku melihat orang-orang berdiri di kejauhan—penuh rasa ingin tahu, berpikir, bahkan tergerak—tetapi tidak cukup untuk pergi. Tidak cukup untuk melangkah maju. Tidak cukup untuk melewati apa yang Bunyan sebut **Gerbang Kecil** —pintu masuk sempit yang tidak dapat dimasuki begitu saja atau secara berkelompok, tetapi hanya secara pribadi.
Dan hal ini mulai meresap dalam diriku.
Perjalanan ini bukanlah sesuatu yang bisa dilakukan melalui konsensus.
Keputusan ini tidak bisa ditentukan oleh mayoritas.

Keputusan ini tidak bisa divalidasi hanya berdasarkan berapa banyak orang yang setuju.
Itu harus dipilih.
Sendirian.
Dengan sengaja. Tanpa jaminan bahwa orang lain akan ikut bersama saya.
Di sinilah sesuatu berubah lagi.
Karena selama Anda percaya orang lain akan mengikuti, masih ada semacam kenyamanan. Sebuah perasaan bahwa Anda tidak sendirian dalam apa yang Anda lakukan. Bahwa arah yang Anda tuju pada akhirnya akan diikuti orang lain.
Namun ketika Anda menyadari bahwa hanya sedikit yang memilih jalan ini, maka dibutuhkan sesuatu yang lain:
keyakinan tanpa penguatan
Anda mungkin mulai melihat ini.
Di mana:

- Banyak yang mengerti, tetapi tidak bertindak.
- Banyak yang setuju, tetapi tidak bergerak.
- Banyak yang mengagumi, tetapi tidak masuk ke dalam.

Dan pertanyaannya menjadi lebih personal:
Apakah saya akan terus melanjutkan, meskipun orang lain tidak?
Ini bukan tentang isolasi.
Ini tentang **tanggung jawab individu** .
Karena pintu sempit itu tidak melebar untuk mengakomodasi preferensi. Pintu itu tetap seperti apa adanya—tepat, terdefinisi, dan dimasuki satu orang dalam satu waktu.
Bunyan memahami hal ini.
Dia tidak menggambarkan kerumunan orang yang berdesak-desakan melewati gerbang.
Dia menggambarkan seorang pria yang diarahkan ke arah gerbang itu.
Sendiri.
Tidak ditinggalkan.
Tetapi **bertanggung jawab secara pribadi** .
Lalu apa yang harus dilakukan seseorang ketika ia melihat bahwa jalan di depannya tidak banyak dipilih? Ketika ia

menyadari bahwa kesepakatan tidak sama dengan pergerakan, dan bahwa kekaguman tidak sama dengan kepatuhan?
Dia harus memutuskan apakah kebenaran masih layak untuk diikuti—
bahkan tanpa ditemani siapa pun.

Pertanyaan Refleksi

- Ke mana saja saya berasumsi orang lain akan pindah bersama saya—tetapi mereka tidak melakukannya?
- Kebenaran apa yang saya lihat yang diakui orang lain tetapi tidak mereka tindak lanjuti?
- Apakah aku menunggu orang lain sebelum berkomitmen sepenuhnya?
- Di mana saya mendapatkan kenyamanan dari persetujuan alih-alih kepatuhan?
- Apa yang akan saya lakukan berbeda jika saya tahu saya harus menempuh bagian ini sendirian?

Refleksi Mendalam

Jalur yang ditempuh Bunyan tidak divalidasi oleh angka-angka.
Hal itu ditentukan oleh **arah** .
Anda harus menyadari hal ini:
Kesepakatan tidak sama dengan kepatuhan.
Pemahaman tidak sama dengan tindakan.
Tanyakan pada diri Anda:
Apakah saya menunggu konfirmasi dari orang lain sebelum melanjutkan?
Apakah saya masih akan memilih ini jika tidak ada orang lain yang melakukannya?
Di sinilah perjalanan menjadi sangat personal.

Rencana Aksi (Hanya Hari Ini)

1. **Identifikasi satu area di mana Anda menunggu orang lain.**
   Jujurlah.
2. **Pisahkan keputusan Anda dari tanggapan mereka.**
   Tuliskan dengan jelas:
   "Terlepas dari apakah mereka melakukannya atau tidak, saya akan..."
3. **Ambil satu langkah mandiri hari ini,**
   tanpa konsultasi, tanpa validasi.
4. **Hindari membandingkan diri dengan**
   orang lain. Tetap fokus pada tujuan Anda.

Doa

Tuhan,
sekarang aku mengerti bahwa jalan ini tidak dipilih oleh banyak orang.
Dan aku merasakan beban melangkah di tempat yang orang lain ragu-ragu.
Tolonglah aku agar tidak bergantung pada persetujuan
ketika Engkau memanggilku untuk taat.
Berilah aku kekuatan untuk memilih apa yang benar,
bahkan ketika pilihan itu tidak banyak diambil orang.
Jagalah aku tetap teguh ketika aku merasa kehilangan arah,
dan ingatkan aku bahwa aku tidak sendirian dalam kebenaran.
Izinkan saya melangkah maju
karena itu benar—bukan karena itu umum.
Amin.

HARI KE-14 — Melepaskan Apa yang Terasa Aman

Ketika Keamanan Bertentangan dengan Kebenaran

"Lalu orang itu berkata, 'Apa yang harus kulakukan?' Dan Penginjil menyuruhnya, 'Larilah dari murka yang akan datang.'"
— *John Bunyan, The Pilgrim's Progress*

Saat saya mulai pindah, saya pikir bagian tersulit adalah meninggalkan orang-orang.
Aku salah.
Bagian tersulit adalah meninggalkan apa yang membuatku merasa aman.
Ada hal-hal dalam hidupku yang tidak pernah terasa seperti hambatan. Hal-hal itu tidak berisik. Hal-hal itu tidak jelas salah. Hal-hal itu hanya… stabil. Akrab. Dapat diandalkan. Hal-hal itu memberi struktur pada hari-hariku dan rasa kendali atas pilihan-pilihanku.
Mereka membuat hidup terasa lebih mudah dijalani.
Dan karena itulah, saya tidak mempertanyakan mereka.
Namun, saat saya melanjutkan, saya mulai menyadari sesuatu yang meresahkan.
Beberapa hal yang membuatku merasa aman juga merupakan hal-hal yang secara diam-diam menghambatku untuk bergerak maju sepenuhnya.
Mereka tidak menentang saya secara langsung.
Mereka tidak meneriaki saya dengan keras.
Mereka hanya mempermudah saya untuk **tetap berada di tempat saya sekarang** .
Di sinilah perjuangan berubah lagi.

Karena meninggalkan apa yang jelas-jelas salah adalah satu hal. Melepaskan apa yang terasa
benar—tetapi tidak selaras — adalah hal lain .
Bunyan memahami ketegangan ini.
Christian tidak hanya dipanggil untuk meninggalkan Kota Kehancuran. Ia dipanggil untuk bergerak menuju sesuatu yang belum sepenuhnya dapat ia lihat. Dan dalam melakukannya, ia harus melepaskan cengkeramannya pada apa yang pernah mendefinisikan rasa stabilitasnya.
Bukan karena hal-hal itu selalu jahat,
tetapi karena hal-hal itu tidak bisa ikut bersamanya.
Anda mungkin sedang menghadapi hal ini sekarang.
Di mana:

- Ada sesuatu dalam hidupmu yang terasa aman—tetapi tidak lagi benar.
- Sesuatu terasa stabil—tetapi tidak lagi selaras.
- Sesuatu terasa perlu—tetapi diam-diam menahanmu di tempat

Dan di sinilah keraguan mulai tumbuh.
Karena rasa takut berubah bentuk di sini.
Bukan lagi rasa takut akan penghakiman.
Itu menjadi rasa takut **kehilangan apa yang menopang hidupmu** .
Anda mulai bertanya:

- *Apa yang akan terjadi jika saya membiarkan ini terus berlanjut?*
- *Lalu apa yang menggantikannya?*
- *Apakah saya masih bisa berfungsi tanpa itu?*

Dan di balik semua itu, ada satu pertanyaan:
Bisakah saya lebih mempercayai apa yang belum bisa saya lihat daripada apa yang sudah saya miliki?
Ini bukan pertukaran yang mudah.
Karena apa yang Anda lepaskan itu terlihat.
Apa yang Anda tuju tidak terlihat.
Namun, Bunyan tidak menyajikan hal ini sebagai pilihan.
Dia tidak mengatakan:
"Sesuaikan apa yang membuat Anda nyaman."

Dia berkata:
"Terbang."
Bergeraklah dengan tergesa-gesa.
Bergeraklah dengan jelas. Bergeraklah tanpa bernegosiasi dengan apa yang tidak dapat mengikuti Anda.
Lalu apa yang harus dilakukan seseorang, ketika apa yang terasa aman tidak lagi sejalan dengan tujuan yang ingin dicapainya? Ketika apa yang dulunya mendukungnya kini diam-diam membatasinya? Ketika melepaskannya terasa seperti kehilangan, tetapi mempertahankannya terasa seperti penundaan?
Dia harus memilih.
Bukan antara baik dan buruk,
tetapi antara **aman dan benar** .

Pertanyaan Refleksi

- Apa yang dalam hidupku terasa aman—tetapi mungkin sudah tidak lagi sesuai?
- Apa yang saya pegang erat karena itu memberi saya stabilitas, bukan arah?
- Di mana saya memilih kenyamanan daripada kebebasan bergerak?
- Apa yang kutakutkan akan terjadi jika aku membiarkan ini terus berlanjut?
- Apakah saya mempercayai apa yang saya lihat—atau apa yang sedang ditunjukkan kepada saya?

Refleksi Mendalam
Bunyan tidak hanya meninggalkan apa yang salah.
Dia meninggalkan apa yang tidak bisa dia bawa ke depan.
Anda harus menyadari hal ini:
Tidak semua hal yang harus Anda lepaskan jelas berbahaya.
Beberapa hal memang sudah **tidak tepat lagi untuk tempat yang akan Anda tuju** .
Tanyakan pada diri Anda:

Apa yang terasa perlu—tetapi diam-diam membatasi saya?
Apa yang saya takutkan untuk dilepaskan karena saya tidak melihat apa yang akan terjadi selanjutnya?
Di sinilah kepercayaan mulai terbentuk.

Rencana Aksi (Hanya Hari Ini)

1. **Identifikasi satu hal "aman" yang Anda pegang teguh**
   (rutinitas, pola pikir, ketergantungan, struktur).
2. **Tanyakan dengan jujur: apakah ini membantu saya bergerak—atau membuat saya tetap stabil?**
3. **Ambil satu langkah untuk melonggarkan cengkeraman Anda padanya hari ini.**
   Bukan simbolis—tetapi praktis.
4. **Jangan langsung menggantinya.**
   Duduklah di tempat yang ditinggalkannya.

Doa

Tuhan,
aku telah berpegang teguh pada apa yang terasa aman, bahkan ketika aku merasa itu mungkin tidak sesuai.
Saya takut kehilangan apa yang telah mendukung saya, terutama ketika saya belum bisa melihat apa yang akan menggantikannya.
Namun saya tidak ingin tetap berada di tempat saya sekarang hanya karena tempat ini terasa stabil.
Berikan aku keberanian untuk melepaskan apa yang harus kulepaskan,
dan kepercayaan untuk bergerak menuju apa yang belum sepenuhnya dapat kulihat.
Bantulah saya untuk memilih apa yang benar
daripada apa yang hanya aman.

Dan bimbing aku ke depan,
bahkan ketika itu mengharuskan aku untuk melepaskan.
Amin.

HARI KE-15 — Ketika Kehidupan Lama Memanggilmu Kembali

Daya Tarik Keakraban yang Kau Kira Telah Hilang

"Aku enggan mengakui dosa-dosaku… namun aku tak bisa diam."
— *John Bunyan, Grace Abounding*

Saat aku mulai pergi, kupikir jarak akan mempermudah segalanya.
Aku berpikir bahwa begitu aku menjauh, apa yang kutinggalkan akan kehilangan pengaruhnya padaku. Bahwa apa yang telah kulihat dengan jelas akan tetap jelas. Bahwa apa yang telah kulepaskan akan tetap terlepas.
Namun, saya segera menemukan sesuatu yang tidak saya duga.
Apa yang telah kutinggalkan…
tidak pernah meninggalkanku.
Ia kembali—tidak selalu dalam bentuk fisik, tetapi dalam ingatan.
Tidak selalu dalam tindakan, tetapi dalam keinginan.
Ada saat-saat ketika tempat yang pernah saya tinggali mulai terasa familiar kembali—bukan berbahaya, bukan merusak, tetapi nyaman. Saya mengingatnya tanpa beban yang pernah mendorong saya meninggalkannya. Saya mulai mengingatnya dengan nada yang lebih lembut.
Di sinilah pergumulan semakin mendalam.
Karena kehidupan lama tidak selalu kembali seperti semula.
Ia kembali seperti yang Anda ingat.
Dan ingatan punya cara untuk menghilangkan rasa urgensi.
Apa yang dulunya terasa berat bisa mulai terasa lebih mudah diatasi.

Apa yang dulunya terasa salah bisa mulai terasa jauh. Apa yang dulunya mendorongmu maju bisa mulai kehilangan intensitasnya.

Bunyan merasakan ketegangan ini dengan sangat tajam.

Ia tidak berbicara seolah-olah telah sepenuhnya lolos, tetapi seolah-olah ia merasa ditarik **kembali ke dalam** , bahkan saat bergerak maju secara lahiriah.

Ada saat-saat ketika dia mempertanyakan apakah dia telah bertindak terlalu jauh. Saat-saat ketika apa yang telah dia tinggalkan mulai tampak tidak separah sebelumnya. Saat-saat ketika kembali tidak terasa seperti pemberontakan—melainkan seperti kelegaan.

Dan inilah bahayanya.

Bukan penolakan terang-terangan.

Tapi pertimbangan ulang secara diam-diam.

Anda mungkin merasakannya sekarang.

Di mana:

- Apa yang kau tinggalkan tak lagi terasa mendesak.
- Apa yang telah kau lepaskan mulai terasa masuk akal lagi.
- Apa yang kau tinggalkan mulai memanggil—tidak dengan keras, tetapi terus-menerus.

Bukan sebagai perintah.

Tetapi sebagai undangan.

"Kamu bisa kembali... sedikit saja."

"Kamu tidak perlu terlalu serius."

"Anda bisa menyeimbangkan keduanya."

Dan jika Anda tidak hati-hati, Anda mulai percaya bahwa Anda dapat membawa barang ke kedua arah sekaligus.

Tapi kamu tidak bisa.

Karena apa yang kau tinggalkan bukanlah sesuatu yang netral. Itu adalah bagian dari apa yang kau diminta untuk tinggalkan.

Lalu apa yang harus dilakukan seseorang, ketika apa yang telah ditinggalkannya mulai terasa menarik kembali? Ketika ingatan melunakkan kebenaran yang dulunya jelas? Ketika kembali tidak terasa seperti kegagalan—melainkan seperti kelegaan?

Dia harus mengingatnya—bukan secara emosional, tetapi dengan jujur.
Dia harus mengingat bukan bagaimana rasanya, tetapi apa **sebenarnya itu** .

Pertanyaan Refleksi

- Apa dari masa laluku yang mulai terasa menarik lagi?
- Di bagian mana saya mengingat secara selektif—tanpa mengetahui kebenaran sepenuhnya?
- Apa yang mulai saya pertimbangkan kembali tentang apa yang sudah saya tinggalkan?
- Apa yang terasa lebih mudah tentang kembali ke masa lalu daripada terus maju?
- Di mana saya tergoda untuk "menyeimbangkan" apa yang saya tahu tidak dapat hidup berdampingan?

Refleksi Mendalam

Bunyan tidak hanya melawan apa yang ada di depannya.
Dia sedang melawan apa yang ada **di belakangnya—tetapi masih dalam jangkauannya** .
Anda harus menyadari hal ini:
Masa lalu tidak kembali sebagai kebenaran.
Ia kembali sebagai **kenangan yang dibentuk oleh kenyamanan** .
Tanyakan pada diri Anda:
Apakah ingatan saya jelas—atau selektif?
Apa yang pernah saya lihat sehingga membuat saya pergi?
Jangan biarkan ingatan menulis ulang apa yang telah diungkapkan oleh kebenaran.

Rencana Aksi (Hanya Hari Ini)

1. **Identifikasi satu hal yang membuat Anda tertarik kembali.**
   Jujurlah.

2. **Tuliskan apa yang sebenarnya terjadi—bukan bagaimana Anda mengingatnya**
   . Sebutkan dengan jelas.
3. **Ingatkan diri Anda mengapa Anda meninggalkannya.**
   Bukan secara emosional—tetapi secara faktual.
4. **Ciptakan jarak lagi—dengan sengaja.**
   Perkuat perpisahan Anda.

Doa

Tuhan,
aku merasakan tarikan dari apa yang telah kutinggalkan.
Apa yang dulu membuatku menjauh
kini mulai terasa akrab kembali.
Bantulah aku agar tidak tertipu oleh ingatan.
Bantulah aku untuk mengingat dengan jelas—bukan secara selektif.
Kuatkanlah aku agar tetap teguh
ketika aku merasakan keinginan untuk kembali.
Jangan biarkan aku membangun kembali apa yang telah Engkau tinggalkan dariku.
Jagalah hatiku tetap tenang,
dan arahku tetap jelas.
Amin.

HARI KE-16 — Melintasi Batas Secara Internal

Ketika Keputusan Itu Sudah Teguh di Dalam Dirimu

"Lalu aku melihat dalam mimpiku, bahwa ia terus berjalan demikian, sampai ia tiba di gerbang… dan di sana ia mengetuk."
— *John Bunyan, The Pilgrim's Progress*

Tiba saatnya ketika perjuanganku bukan lagi tentang apakah aku akan kembali.
Permasalahannya kemudian menjadi apakah aku benar-benar telah pergi.
Sampai saat ini, aku telah bergerak. Aku telah merespons. Aku telah menolak apa yang memanggilku kembali. Tetapi masih ada sesuatu yang mengganjal di dalam diriku—keraguan yang tenang, sebuah tempat di mana aku belum sepenuhnya memutuskan.
Secara lahiriah aku telah pergi.
Namun di dalam hatiku, aku masih bernegosiasi.
Masih ada pertanyaan yang belum saya selesaikan. Masih ada area di mana saya bertanya-tanya apakah saya bisa kembali—tidak sepenuhnya, tetapi sebagian. Masih ada keterbukaan yang halus terhadap gagasan bahwa saya mungkin akan menyesuaikan arah saya jika keadaan menjadi terlalu sulit.
Dan di sinilah saya menyadari sesuatu yang penting.
Perjalanan tidak dijamin oleh pergerakan semata.
Perjalanan dijamin oleh **keputusan** .
Bukan jenis ucapan yang diucapkan dengan cepat,
tetapi jenis ucapan yang terpatri dalam-dalam.
Bunyan menggambarkan Christian tiba di gerbang—bukan berkeliaran, bukan berputar-putar, tetapi mendekat dengan

tujuan. Dia tidak hanyut ke sana. Dia datang ke sana karena sesuatu di dalam dirinya telah terselesaikan.
Dan ketika dia tiba, dia tidak ragu-ragu.
Dia mengetuk.
Inilah saat di mana perjalanan berubah lagi.
Bukan karena semuanya sudah jelas,
tetapi karena sesuatu di dalam dirimu telah menjadi **final** .
Anda mungkin sedang mendekati tempat ini.
Di mana:

- Anda tidak lagi memperdebatkan apakah akan kembali atau tidak.
- Anda tidak lagi mempertimbangkan alternatif lain.
- Anda tidak lagi memberi ruang bagi apa yang telah Anda tinggalkan.

Bukan karena kamu merasa kuat,
tetapi karena kamu telah **memutuskan** .
Ini tidak berisik.
Ini tidak dramatis.
Suasananya tenang.
Namun, itu sudah pasti.
Dan begitu batasan ini dilanggar secara internal, sesuatu akan berubah.
Anda tidak lagi terombang-ambing ke dua arah.
Anda tidak lagi terbagi antara apa yang Anda ketahui dan apa yang Anda rasakan.
Anda mulai bergerak dengan kejelasan yang berbeda—bukan karena jalannya lebih mudah, tetapi karena posisi Anda sudah mantap.
Lalu apa yang harus dilakukan seseorang ketika ia menyadari bahwa penyeberangan sejati bukanlah secara fisik? Ketika ia melihat bahwa langkah terpenting bukanlah pergi secara fisik, melainkan memutuskan dalam hati bahwa ia tidak akan kembali?
Dia bergerak maju.
Bukan dengan ragu-ragu.
Tetapi dengan keselarasan.

Pertanyaan Refleksi

- Di bagian mana saya masih ragu-ragu secara internal?
- Bagian mana dari diriku yang masih memberi ruang untuk kembali?
- Apa yang telah kulakukan secara lahiriah yang belum kuselesaikan secara batiniah?
- Keputusan apa yang telah saya tunda sepenuhnya?
- Seperti apa jadinya jika saya benar-benar selaras dari dalam?

Refleksi Mendalam

Bunyan tidak hanya bergerak menuju gerbang.
Dia tiba di sana dengan **tekad bulat** .
Anda harus menyadari hal ini:
Anda bisa maju secara lahiriah namun tetap terpecah secara batiniah.
Perpisahan sejati terjadi ketika keputusan itu menjadi final di dalam diri Anda.
Tanyakan pada diri Anda:
Apakah saya sudah benar-benar memutuskan—atau masih dalam tahap negosiasi?
Apa yang akan berubah jika saya menghapus opsi untuk kembali sepenuhnya?
Di sinilah kejelasan menjadi kekuatan.

Rencana Aksi (Hanya Hari Ini)

1. **Identifikasi satu area di mana Anda masih merasa terpecah secara internal.**
   Jujurlah.
2. **Tuliskan kalimat ini dengan jelas:**
   "Saya telah memutuskan bahwa saya tidak akan lagi…"
3. **Hilangkan opsi pembalikan**
   secara mental dan praktis.
4. **Ambil satu langkah penguatan untuk menyelaraskan diri hari ini.**

Biarkan tindakan Anda sesuai dengan keputusan Anda.

Doa

Tuhan,
sekarang aku menyadari bahwa aku telah berpindah, tetapi aku tidak selalu menetap di dalam hatiku.
Ada beberapa hal yang membuat saya tetap terpecah—terus maju, namun tetap menengok ke belakang.
Hari ini, saya memilih untuk mengambil keputusan sepenuhnya.
Bantulah aku menutup pintu
pada apa yang telah kutinggalkan.
Berikanlah kepadaku hati yang teguh
, yang tidak kembali kepada apa yang telah Engkau tinggalkan dariku.
Biarlah arahku jelas,
bukan hanya dalam apa yang kulakukan, tetapi juga dalam siapa diriku di dalam.
Amin.

FASE 3 — Konflik (Hari ke-17–24)

Perjuangan, keraguan, perlawanan, daya tahan

HARI KE-17 — Rawa yang Tak Terduga

Ketika Perjalanan Menjadi Lebih Sulit Setelah Anda Memulai

"Lalu aku melihat dalam mimpiku, bahwa tepat setelah mereka mengakhiri pembicaraan itu, mereka mendekati rawa yang sangat berlumpur… dan karena lalai, mereka berdua tiba-tiba jatuh ke dalam rawa."
— *John Bunyan, The Pilgrim's Progress*

Saya pikir begitu saya mulai, semuanya akan menjadi lebih jelas.
Mungkin tidak lebih mudah—tetapi setidaknya lebih stabil.
Aku telah meninggalkan apa yang perlu kutinggalkan. Aku telah menyelesaikan apa yang perlu kuselesaikan. Aku telah membuat keputusanku.
Tapi aku tidak menduga ini.
Tanah di bawahku ambruk.
Apa yang tadinya tampak seperti kemajuan tiba-tiba berubah menjadi perjuangan. Langkahku melambat. Keseimbanganku melemah. Apa yang baru saja kulakukan kini terasa lebih sulit dari yang kubayangkan.
Aku mendapati diriku berada di tempat yang oleh Bunyan disebut **Rawa Keputusasaan** —bukan tempat perlawanan eksternal, melainkan tempat beban batin. Sebuah tempat di mana segala sesuatu terasa tidak jelas lagi, bukan karena kebenaran telah berubah, tetapi karena pengalamanku tidak lagi sesuai dengan harapanku.
Aku sudah memulai.
Jadi mengapa aku merasa seperti tenggelam?
Di sinilah banyak orang terkejut.
Karena kita berasumsi bahwa begitu kita memutuskan, jalan itu akan menguatkan kita.

Namun Bunyan menunjukkan sesuatu yang berbeda.
Hal pertama yang Anda temui setelah pergerakan nyata bukanlah konfirmasi.
Melainkan **perlawanan** .
Tidak harus dari orang lain.
Tapi dari dalam diri sendiri.
Beban yang kau pikul mulai menekan lebih dalam. Pikiran-pikiran lama muncul kembali. Keraguan mulai berbisik—tidak keras, tetapi terus-menerus.
Anda mulai bertanya:

- *Apakah saya bertindak terlalu terburu-buru?*
- *Apakah saya salah paham?*
- *Mengapa ini terasa lebih sulit sekarang daripada sebelumnya?*

Dan di balik semua itu, ada sebuah pertanyaan yang terpendam:
Apakah memulai adalah sebuah kesalahan?
Bunyan menggambarkan bagaimana Christian jatuh ke dalam lumpur ini—berjuang, terbebani, tidak mampu bergerak maju dengan mudah. Dan yang membuatnya lebih sulit bukanlah hanya kondisi tanahnya, tetapi juga kenyataan bahwa dia tidak mengharapkannya.
Dia berpikir bahwa gerakan akan membawa kelegaan.
Sebaliknya, hal itu justru memperlihatkan bebannya.
Anda mungkin merasakannya sekarang.
Di mana:

- Apa yang telah kamu janjikan sekarang terasa lebih berat.
- Apa yang kau tinggalkan tampak lebih mudah jika dibandingkan.
- Apa yang dulunya terasa jelas kini terasa rumit.

Bukan karena tidak jelas—
tetapi karena Anda sekarang **terlibat sepenuhnya di dalamnya** .
Ini bukanlah kegagalan.
Inilah awal dari **konflik** .
Lalu apa yang harus dilakukan seseorang, ketika jalan yang dipilihnya tidak langsung memperkuatnya, melainkan justru

menunjukkan betapa goyahnya dia? Ketika tanah di bawahnya bergeser, dan dia merasa dirinya tenggelam—bukan menjauh dari kebenaran, tetapi ke dalam kenyataan tentang apa yang harus dibayarnya?

Dia harus memahami ini:

Perjuangan itu bukanlah bukti bahwa Anda salah memulai.

Itu adalah bukti bahwa Anda benar-benar telah memulai.

Pertanyaan Refleksi

- Apa yang menjadi lebih sulit sejak saya memutuskan untuk melangkah maju?
- Di mana saya mengharapkan keadaan akan segera membaik—tetapi ternyata tidak?
- Pikiran apa saja yang muncul dan membuat saya mempertanyakan arah hidup saya?
- Di mana saya merasa sedang "tenggelam" saat ini?
- Apakah saya menafsirkan kesulitan sebagai kegagalan?

Refleksi Mendalam

Bunyan tidak menempatkan rawa itu sebelum perjalanan.

Dia meletakkannya **di bagian awal** .

Anda harus menyadari hal ini:

Kesulitan di awal bukanlah tanda salah arah.

Itu adalah tanda **keterlibatan dengan realitas** .

Tanyakan pada diri Anda:

Apa yang kuharapkan akan terasa seperti ini?

Apakah saya patah semangat karena ini salah—atau karena ini sulit?

Ini tidak sama.

Rencana Aksi (Hanya Hari Ini)

1. **Identifikasi di mana Anda merasakan hambatan saat ini.**
   Sebutkan secara spesifik.

2. **Pisahkan kesulitan dari petunjuk.**
   Tulis:
   "Ini sulit—tetapi ini tidak salah."
3. **Tetaplah melangkah maju,**
   meskipun terasa berat.
4. **Jangan menilai kemajuanmu secara emosional hari ini.**
   Tetap tenang.

Doa

Ya Tuhan,
aku tidak menyangka akan terasa sesulit ini secepat ini.
Saya pikir permulaan itu akan membawa kejelasan,
tetapi sebaliknya saya merasakan penolakan.
Bantulah aku agar tidak salah menafsirkan momen ini.
Bantulah aku untuk melihat bahwa perjuangan bukan berarti aku salah sejak awal.
Berilah aku kekuatan untuk berdiri tegak
ketika aku merasa goyah, dan untuk terus maju ketika aku merasa putus asa.
Jangan cegah aku untuk berbalik arah
hanya karena ini sulit.
Dan ajari aku untuk terus melangkah maju
bahkan ketika pijakan terasa tidak pasti.
Amin.

HARI KE-18 — Ketika Kemajuan Terasa Seperti Kegagalan

Saat Anda Bergerak Maju—tetapi Rasanya Tidak Seperti Itu

"Aku menjadi beban sekaligus momok bagi diriku sendiri… Aku tidak mengerti bagaimana aku bisa diselamatkan."
— *John Bunyan, Grace Abounding*

Aku mulai bergerak.

Aku telah meninggalkan apa yang tak lagi bisa kutinggali. Aku telah mengambil keputusan. Aku bahkan telah menahan penolakan pertama yang menyertainya. Namun, saat aku melanjutkan perjalanan, sesuatu membuatku gelisah dengan cara yang tak kuduga.

Rasanya saya tidak mengalami kemajuan.

Malahan, saya merasa lebih buruk.

Apa yang kulihat dalam diriku tampak lebih jelas, tetapi tidak lebih baik. Apa yang kurasakan di dalam diriku terasa lebih berat, bukan lebih ringan. Semakin aku melangkah maju, semakin aku menyadari—bukan seberapa jauh aku telah melangkah, tetapi seberapa banyak hal yang masih belum terselesaikan.

Hal ini membuatku gelisah.

Karena saya berasumsi bahwa gerakan akan terasa seperti peningkatan.

Perubahan itu akan terasa seperti sebuah kelegaan.

Kemajuan itu akan terasa seperti kekuatan.

Namun sebaliknya, saya merasa terekspos.

Bunyan menulis tentang ketegangan ini dengan kejujuran yang mencolok. Dia tidak menggambarkan peningkatan bertahap dari kebingungan menuju kejelasan, tetapi kesadaran yang semakin mendalam yang sering terasa seperti kemunduran. Semakin dekat dia dengan kebenaran, semakin banyak dia melihat apa yang tidak selaras dalam dirinya.

Dan hal ini membuatnya mempertanyakan dirinya sendiri.

Bukan keputusannya,

melainkan kondisinya.

Anda mungkin merasakannya sekarang.

Di mana:

- Kamu melakukan apa yang kamu tahu benar.
- tetapi kamu tidak merasa lebih kuat
- Anda tidak merasa lebih jernih
- Anda tidak merasa "lebih baik"

Dan karena itu, sebuah pemikiran tenang mulai terbentuk:

Apakah saya benar-benar bergerak maju… ataukah saya gagal?

Di sinilah banyak orang menjadi patah semangat.

Bukan karena mereka berhenti,

tetapi karena mereka salah memahami apa yang sedang terjadi.

Karena kemajuan sejati tidak selalu terasa seperti peningkatan.

Terkadang, rasanya seperti **terekspos** .

Anda mulai melihat hal-hal dalam diri Anda yang belum pernah Anda lihat sebelumnya—bukan karena hal itu baru, tetapi karena Anda sekarang cukup dekat untuk mengenalinya. Apa yang dulunya tersembunyi menjadi terlihat. Apa yang dulunya diabaikan menjadi tak terbantahkan.

Dan ini bisa terasa seperti mundur.

Namun kenyataannya tidak demikian.

Ini adalah pekerjaan penting untuk dapat melihat dengan jelas.

Bunyan tidak mengalami kemunduran.

Dia **mulai menyadari hal itu** .

Dan kesadaran, ketika semakin mendalam, seringkali terasa seperti kemunduran—karena Anda tidak lagi mengukur diri Anda berdasarkan apa yang dulu Anda lihat, tetapi berdasarkan apa yang sekarang terungkap.

Lalu apa yang harus dilakukan seseorang ketika langkahnya ke depan terasa seperti kegagalan? Ketika ketaatan tidak

menghasilkan kekuatan seketika, tetapi malah mengungkap kelemahan yang sebelumnya tidak ia sadari?
Dia harus belajar mengukur dengan cara yang berbeda.
Bukan berdasarkan perasaannya,
tetapi berdasarkan ke mana dia menghadap.

Pertanyaan Refleksi

- Di bagian mana saya merasa gagal—padahal saya terus maju?
- Apa yang menjadi lebih terlihat dalam diri saya sejak saya memulai perjalanan ini?
- Seperti apa rasanya kemajuan yang seharusnya saya rasakan?
- Di mana letak kekecewaan saya karena merasa terekspos?
- Apakah saya mengukur pertumbuhan berdasarkan perasaan—atau berdasarkan arahan?

Refleksi Mendalam

Bunyan tidak tumbuh dengan merasa lebih kuat.
Ia berkembang dengan **melihat lebih jelas** .
Anda harus menyadari hal ini:
Kemajuan tidak selalu dirasakan sebagai kekuatan.
Terkadang, kemajuan dirasakan sebagai **kesadaran** .
Tanyakan pada diri Anda:
Apa yang saya lihat sekarang yang sebelumnya tidak bisa saya lihat?
Akankah saya menyadari ini jika saya mundur beberapa langkah?
Ini bukanlah kegagalan.
Inilah kejelasan.

Rencana Aksi (Hanya Hari Ini)

1. Identifikasi satu area di mana Anda merasa gagal. Jujurlah.
2. Sampaikan dengan jelas:
   "Ini bukan kegagalan. Ini adalah kesadaran."
3. Tuliskan apa yang sekarang Anda lihat yang sebelumnya tidak Anda lihat.
4. Terus melakukan satu tindakan ketaatan tanpa mengevaluasi bagaimana rasanya.

Doa

Tuhan,
aku merasa putus asa, bukan karena aku berhenti, tetapi karena aku merasa tidak mengalami kemajuan.
Apa yang kulihat dalam diriku terasa lebih berat dari sebelumnya.
Apa yang kurasakan di dalam diriku terasa belum terselesaikan.
Bantulah aku agar tidak salah menafsirkan momen ini.
Bantulah aku untuk melihat bahwa apa yang terungkap bukanlah tanda kegagalan, melainkan langkah menuju kejelasan.
Berilah aku kesabaran dalam proses ini.
Bantulah aku untuk terus maju tanpa perlu merasa lebih kuat secara instan.
Dan ajari aku untuk mempercayai
apa yang Engkau lakukan dalam diriku, bahkan ketika aku belum merasakan perubahannya.
Amin.

HARI KE-19 — Suara Penuduh

Ketika Apa yang Anda Lihat Tentang Diri Anda Digunakan untuk Melawan Anda

"Aku berpikir dalam hati, inilah keadaanku… dan aku hanyalah manusia yang tersesat dan hancur."
— *John Bunyan, Grace Abounding*

Ketika saya mulai melihat lebih jelas, saya tidak menyangka apa yang akan terjadi selanjutnya.
Saya pikir kesadaran akan menuntun saya maju. Bahwa melihat kebenaran akan menstabilkan saya. Bahwa memahami kondisi saya akan membantu saya bergerak dengan lebih yakin.
Namun, justru sesuatu yang lain yang mulai berbicara.
Bukan dari luar diriku,
melainkan dari dalam diriku.
Kedengarannya tidak asing. Itu tidak datang dengan paksaan. Itu datang dengan tenang, terus-menerus, dan dengan semacam logika yang sulit diabaikan.
Hal itu mengambil apa yang mulai saya sadari tentang diri saya sendiri—dan membalikkannya melawan saya.
Bunyinya:
Sekarang kau mengerti siapa dirimu.
Kau mengerti betapa jauhnya kau dari apa yang benar. Kau mengerti apa yang masih belum terselesaikan.
Lalu ditambahkan:
Tidak ada jalan keluar bagimu.
Di sinilah perjuangan berubah lagi.
Karena sebelumnya, saya menghadapi perlawanan.
Ketidakpastian. Kesulitan.
Namun sekarang, saya sedang menghadapi **tuduhan** .
Bukan koreksi.
Bukan bimbingan. Tapi kecaman.

Bunyan menulis tentang hal ini dengan kejujuran yang menyakitkan. Dia menggambarkan momen-momen di mana beban dari apa yang dia lihat tentang dirinya sendiri menjadi begitu berat sehingga hal itu tidak lagi terasa seperti sesuatu yang dapat diatasi—melainkan sesuatu yang sepenuhnya mendefinisikan dirinya.

Dia tidak mempertanyakan apakah dia sudah memulai.

Dia mempertanyakan apakah hal itu penting.

Dan inilah suara yang muncul di sini.

Bukan suara yang menyuruhmu untuk berbalik.

Namun suara yang memberitahumu:

Tidak ada gunanya untuk melanjutkan.

Anda mungkin mengenali ini.

Di mana:

- Apa yang kamu lihat pada dirimu sekarang terasa sangat berat.
- Apa yang dulunya kesadaran kini terasa seperti bukti yang memberatkanmu.
- Apa yang Anda kira akan membawa perubahan kini malah menimbulkan kekecewaan.

Anda mulai berpikir:

Mungkin memang beginilah diriku.

Mungkin ini tak bisa diubah. Mungkin aku sudah terlalu jauh melangkah.

Ini tidak benar.

Ini adalah tuduhan.

Karena kebenaran terungkap untuk menuntun ke depan.

Tuduhan itu dilontarkan untuk membungkam Anda.

Bunyan tidak hanya bergumul dengan apa yang dilihatnya.

Dia bergumul dengan apa yang mulai **diungkapkan oleh pemandangan itu tentang dirinya** .

Dan untuk sementara waktu, dia mempercayainya.

Dia memandang dirinya bukan sebagai seseorang yang sedang dalam proses,

melainkan sebagai seseorang yang telah melampaui proses tersebut.

Lalu apa yang harus dilakukan seseorang, ketika apa yang dilihatnya tentang dirinya sendiri mulai berbicara lebih lantang daripada apa yang diketahuinya sebagai kebenaran? Ketika kesadaran menjadi berat, bukan karena salah, tetapi karena disalahgunakan?
Dia harus belajar membedakan suara-suara tersebut.
Karena tidak semua yang keluar dari dalam dirimu
adalah kebenaran.

Pertanyaan Refleksi

- Pikiran apa saja yang belakangan ini muncul di benak saya yang terasa menghakimi daripada membimbing?
- Di mana kesadaran telah berubah menjadi keputusasaan bagi saya?
- Keyakinan apa yang mulai saya pegang tentang diri saya sendiri yang terasa final atau tanpa harapan?
- Suara apa yang sedang kudengarkan yang mengatakan bahwa tidak ada jalan keluar?
- Apa perbedaan antara apa yang saya lihat dan apa yang saya simpulkan darinya?

Refleksi Mendalam

Bunyan melihat dengan jelas.
Namun, ia hampir kehilangan arah dalam kesimpulan yang didapatnya dari kejelasan tersebut.
Anda harus menyadari hal ini:
Melihat kebenaran tentang diri sendiri
tidak sama dengan memahami maknanya.
Yang satu mengarah pada pertumbuhan.
Yang lainnya dapat mengarah pada keputusasaan.
Tanyakan pada diri Anda:
Apa yang saya lihat?
Dan apa yang saya katakan tentang apa yang saya lihat?
Ini tidak sama.

Rencana Aksi (Hanya Hari Ini)

1. Sebutkan satu pikiran negatif yang pernah Anda percayai.
   Tuliskan dengan jelas.
2. Pisahkan pengamatan dari kesimpulan.
   Misalnya: "Saya melihat ini pada diri saya sendiri" tidak sama dengan "Oleh karena itu, saya tidak dapat berubah".
3. Tolak kesimpulannya—bukan kesadarannya.
4. Lanjutkan satu tindakan ketaatan hari ini meskipun Anda merasa tidak mampu.

Doa

Tuhan,
aku melihat hal-hal dalam diriku yang tidak bisa kuabaikan.
Namun, aku juga mendengar hal-hal yang membebani diriku—
yang mengatakan bahwa apa yang kulihat mendefinisikan diriku sepenuhnya.
Bantulah saya untuk mengenali apa yang benar,
dan apa yang sedang digunakan untuk melawan saya.
Jangan biarkan kesadaran berubah menjadi keputusasaan.
Jangan biarkan aku percaya bahwa aku tak bisa berubah.
Berilah aku kejelasan agar dapat melihat dengan benar,
dan kekuatan untuk terus maju bahkan ketika aku merasa putus asa.
Ingatkan aku bahwa apa yang terungkap
bukanlah untuk mengakhiri hidupku, melainkan untuk membimbingku maju.
Amin.

HARI KE-20 — Pemandu Palsu dan Jalan Mudah

Ketika Tidak Setiap Suara yang Membantu Membimbing Anda dengan Benar

"Lalu aku melihat dalam mimpiku, bahwa Christian melanjutkan perjalanan... dan di sana ia bertemu dengan dua orang... yang membujuknya untuk ikut bersama mereka, karena jalan mereka lebih baik."
— *John Bunyan, The Pilgrim's Progress*

Aku mulai bergerak, dan aku telah mengalami lebih banyak hal daripada yang kuharapkan.
Aku telah menghadapi perlawanan, kebingungan, dan beban dari apa yang mulai kulihat dalam diriku sendiri. Aku tidak berbalik. Aku terus maju, bahkan ketika itu sulit.
Dan mungkin karena itulah, saya tidak menduga apa yang akan terjadi selanjutnya.
Aku tidak lagi ditarik ke belakang.
Aku diundang... secara tidak langsung.
Orang-orang datang kepadaku—bukan menentang perjalananku, bukan mengejek arahku, tetapi menawarkan sesuatu yang tampak bermanfaat. Mereka tidak mempertanyakan bahwa aku sedang bergerak. Mereka tidak menyangkal bahwa aku sedang mencari sesuatu yang nyata.
Mereka hanya menyarankan:
Ada cara yang lebih mudah.
Kedengarannya masuk akal.
Mengapa harus berjuang secara tidak perlu? Mengapa menempuh jalan yang sulit ketika ada alternatif lain yang tampaknya mengarah ke arah yang sama? Mengapa harus menanggung beban yang berat ketika ada sesuatu yang lebih ringan?

Dan karena saya sudah lelah—sudah terbebani, sudah ragu-ragu—saya mendengarkan.
Di sinilah bahayanya menjadi terselubung.
Karena tidak setiap kesalahan langkah tampak sebagai pemberontakan.
Beberapa justru tampak sebagai **perbaikan** .
Bunyan menggambarkan bagaimana Christian dibujuk untuk meninggalkan jalan yang sempit dan mengikuti jalan yang tampaknya lebih baik—lebih mulus, lebih mudah, lebih terkendali. Ini tidak terasa seperti pengabaian. Ini terasa seperti penyesuaian.
Namun, hal itu mengarah ke sesuatu yang sama sekali berbeda.
Anda mungkin akan mendapati diri Anda di sini.
Di mana:

- Anda tidak mempertimbangkan untuk kembali
- Anda tidak menyangkal apa yang Anda ketahui.

Namun, Anda ditawari sesuatu yang terasa seperti versi yang lebih baik.
Sesuatu:

- lebih nyaman
- lebih hemat
- kurang menuntut

Dan itu disertai dengan alasan yang masuk akal.
Tertulis:

- *Ini masih berfungsi*
- *Ini masih mengarah ke depan*
- *Ini hanyalah cara yang lebih cerdas untuk melakukannya.*

Dan karena hal itu tidak terasa salah,
maka menjadi sulit untuk menolaknya.
Namun di sinilah kejelasan diperlukan.
Karena pertanyaannya bukan lagi:
Apakah ini salah?
Menjadi:
Apakah ini **sudah sejajar** ?
Peringatan Bunyan sangat tepat.

Jalannya sempit bukan karena membatasi,
tetapi karena **spesifik** .
Dan ketika Anda meninggalkannya—bahkan sedikit pun—
Anda tidak lagi berada di atasnya.
Lalu apa yang harus dilakukan seseorang ketika ditawari sesuatu yang tampak bermanfaat, masuk akal, dan lebih mudah daripada apa yang sedang ia jalani saat ini? Ketika alternatifnya tidak tampak seperti kesalahan, melainkan seperti perbaikan?
Dia harus mengujinya.
Bukan berdasarkan bagaimana rasanya,
tetapi berdasarkan ke mana hal itu mengarah.

Pertanyaan Refleksi

- Pilihan "lebih mudah" apa yang saat ini menarik perhatian saya?
- Saran atau alternatif apa yang terdengar bermanfaat—tetapi mungkin tidak sesuai?
- Di mana saya tergoda untuk mengubah arah daripada tetap berada di jalur yang sama?
- Mana yang terasa lebih mudah—tetapi membutuhkan lebih sedikit usaha dari saya?
- Apakah saya memilih apa yang benar—atau apa yang lebih nyaman?

Refleksi Mendalam

Bunyan tidak disesatkan oleh sesuatu yang jelas-jelas salah.
Dia dibimbing oleh sesuatu yang **terasa lebih baik** .
Anda harus menyadari hal ini:
Tidak setiap suara yang membantu adalah penuntun yang benar.
Tidak setiap jalan yang lebih mudah mengarah ke tujuan yang tepat.
Tanyakan pada diri Anda:
Apa yang sedang saya pertimbangkan saat ini yang terasa lebih mudah daripada yang saya tahu dibutuhkan?
Mengapa hal itu menarik bagi saya?

Di sinilah kemampuan membedakan menjadi sangat penting.

Rencana Aksi (Hanya Hari Ini)

1. Sebutkan satu pilihan yang "lebih baik" atau "lebih mudah" yang sedang Anda pertimbangkan . Jujurlah.
2. Bandingkan dengan apa yang sudah Anda ketahui sebagai hal yang benar.
   Bukan berdasarkan perasaan—tetapi berdasarkan keselarasan.
3. Pilih keselarasan daripada kemudahan hari ini.
4. Tetaplah di jalan yang sudah Anda kenal—meskipun terasa lebih sulit.

Doa

Tuhan,
aku menyadari bahwa tidak setiap jalan yang terasa benar akan membawa kita ke tempat yang seharusnya.
Saya tergoda oleh apa yang tampak lebih mudah,
apa yang terasa lebih terkendali, apa yang tampaknya masuk akal.
Namun aku tidak ingin meninggalkan apa yang telah Engkau tetapkan untukku
demi sesuatu yang hanya tampak lebih baik saja.
Berilah aku kebijaksanaan untuk mengenali apa yang tidak sesuai,
bahkan ketika hal itu terasa masuk akal.
Bantulah aku untuk tetap teguh di jalan yang benar,
tidak memilih kemudahan daripada kebenaran.
Dan lindungi aku agar tidak terbawa
oleh apa yang hanya tampak benar.
Amin.

HARI KE-21 — Ketika Kebenaran Menjadi Mahal

Ketika Kepatuhan Membutuhkan Lebih dari yang Anda Rencanakan untuk Berikan

"Lalu kata Christian, 'Aku harus mengambil risiko... meskipun aku akan binasa.'"
— *John Bunyan, The Pilgrim's Progress*

Saya mengira bahwa begitu saya memulai, dan begitu saya melewati kesulitan-kesulitan awal, jalan itu akhirnya akan menjadi sesuatu yang dapat dikelola.
Tidak mudah, tetapi berkelanjutan.
Namun, ada suatu momen ketika saya menyadari sesuatu yang belum sepenuhnya saya pertimbangkan.
Jalan ini akan menelan biaya lebih besar daripada yang telah saya rencanakan.
Sampai saat ini, saya telah memberikan apa yang saya rasa perlu—perhatian saya, arahan saya, kesediaan saya untuk bergerak. Saya telah meninggalkan hal-hal di belakang. Saya telah menolak apa yang menarik saya kembali. Saya telah melanjutkan meskipun sulit.
Namun kini, dibutuhkan sesuatu yang lebih mendalam.
Tidak ada penyesuaian.
Tidak perlu usaha.
Namun menyerah di tempat-tempat yang belum pernah saya sentuh.
Bunyan menggambarkan momen-momen di mana Christian harus terus maju bahkan ketika biayanya sudah jelas—ketika perjalanan itu bukan lagi teoritis, tetapi menuntut. Ketika ketaatan bukan lagi tentang memulai, tetapi tentang **melanjutkan dengan biaya yang harus ditanggung** .
Dan di sinilah banyak orang kembali ragu.

Karena memulai ketika biayanya belum jelas adalah satu hal, dan
melanjutkan ketika biayanya sudah terlihat adalah hal lain.
Anda mungkin merasakannya sekarang.
Di mana:

- Apa yang diminta darimu terasa lebih dari yang kamu duga.
- Apa yang harus Anda lepaskan terasa lebih penting dari sebelumnya.
- Apa yang dituntut oleh ketaatan sudah tidak lagi mudah dilakukan.

Anda mulai menyadari bahwa ini bukanlah sesuatu yang dapat Anda kelola bersamaan dengan hal-hal lain yang tetap tidak berubah.
Ini menuntut prioritas.
Ini menuntut penataan ulang. Ini menuntut pengorbanan.
Dan sesuatu di dalam dirimu menolak—bukan karena kamu tidak percaya, tetapi karena kamu tidak menyangka hal itu akan membutuhkan upaya sebesar ini.
Anda mungkin mulai bertanya:
Apakah ini perlu?
Apakah ini berlebihan? Bisakah saya tidak menempuh sebagian saja tanpa memberikan semuanya?
Namun di sinilah jalan kembali menjadi jelas.
Karena kebenaran tidak bernegosiasi dengan apa yang dituntutnya.
Ia mengungkapkan—lalu menunggu respons Anda.
Bunyan tidak menggambarkan Christian sebagai seseorang yang bergerak tanpa biaya. Ia menggambarkannya sebagai seseorang yang **terus maju meskipun menghadapi kesulitan** .
Bukan karena dia kuat,
tetapi karena dia sudah terlalu jauh untuk berbalik.
Lalu apa yang harus dilakukan seseorang, ketika ketaatan mulai menuntut apa yang ingin ia pertahankan? Ketika jalan itu tidak hanya menuntut pergerakan, tetapi juga penyerahan diri yang terasa mahal, merepotkan, bahkan mengganggu?

Dia harus memutuskan lagi.
Bukan soal apakah itu benar,
tetapi apakah itu sepadan.

Pertanyaan Refleksi

- Apa harga yang harus saya bayar karena ketaatan saat ini, yang tidak saya duga sebelumnya?
- Apa yang diminta untuk saya ungkapkan yang terasa penting?
- Di mana letak penolakan saya karena biayanya terasa terlalu tinggi?
- Apa yang coba saya pertahankan yang mungkin tidak sesuai dengan jalur ini?
- Apakah saya percaya ini layak dilanjutkan—dengan biaya sebesar ini?

Refleksi Mendalam

Bunyan tidak berhenti ketika biaya itu muncul.
Dia melanjutkan ketika semuanya menjadi jelas.
Anda harus menyadari hal ini:
Biaya tidak selalu berarti ada sesuatu yang salah.
Seringkali, biaya justru menandakan bahwa sesuatu itu **nyata** .
Tanyakan pada diri Anda:
Apa yang diminta untuk saya lepaskan yang tidak saya rencanakan?
Mengapa terasa sulit?
Di sinilah keyakinan berubah menjadi komitmen.

Rencana Aksi (Hanya Hari Ini)

1. Identifikasi satu area di mana kepatuhan terasa mahal . Sebutkan secara spesifik.
2. Sebutkan apa saja yang harus Anda korbankan (waktu, kenyamanan, reputasi, kendali, keamanan)

3. Putuskan hari ini:
   "Saya akan melanjutkan—meskipun dengan biaya ini."
4. Ambil satu langkah yang mencerminkan keputusan tersebut.

Doa

Tuhan,
sekarang aku menyadari bahwa jalan ini menelan biaya lebih besar dari yang kuperkirakan.
Saya telah memberikan beberapa hal,
tetapi sekarang saya diminta untuk memberikan lebih banyak lagi.
Dan aku merasakan beban itu.
Bantulah aku untuk tidak menolak
hanya karena hal itu mahal.
Berikan aku kekuatan untuk terus melanjutkan
ketika hal ini membutuhkan lebih dari yang kurencanakan.
Ajari aku untuk percaya bahwa apa yang Engkau minta
bukanlah sesuatu yang berlebihan, melainkan sesuatu yang perlu.
Dan bantulah aku untuk memilih ketaatan,
bahkan ketika itu merugikanku.
Amin.

HARI KE-22 — Beban Perang Internal

Ketika Keinginan dan Disiplin Menarikmu ke Arah yang Berlawanan

"Aku menemukan dalam diriku suatu pergumulan yang terus-menerus... daging dan roh saling berperang."
— *John Bunyan, Grace Abounding*

Saya mengira bahwa begitu saya memilih jalan ini, perjuangan saya akan menjadi lebih jelas.
Bahwa apa yang benar akan terasa benar,
dan apa yang salah akan kehilangan pengaruhnya.
Namun, bukan itu yang saya temukan.
Yang saya temukan adalah konflik—
bukan di sekitar saya, tetapi di dalam diri saya.
Ada saat-saat ketika saya tahu persis apa yang seharusnya saya lakukan, namun sesuatu dalam diri saya menolaknya. Bukan secara terang-terangan, bukan dengan sikap menantang—tetapi terus-menerus. Tarikan diam-diam ke arah yang berlawanan.
Aku tidak lagi bingung tentang kebenaran.
Namun, keinginanku terbagi.
Sebagian dari diriku ingin melanjutkan—untuk bergerak maju, untuk tetap selaras, untuk menindaklanjuti apa yang telah kulihat dan pilih.
Dan sebagian dari diriku yang lain menginginkan kelegaan.
Bukan karena jalannya,
tetapi karena tekanan yang ditimbulkannya.
Bunyan membicarakan hal ini dengan kejujuran yang tidak mengurangi ketegangan. Dia tidak menggambarkan pemutusan hubungan yang jelas antara siapa dirinya di masa lalu dan siapa dirinya di masa depan. Dia menggambarkan

sebuah **perang** —perjuangan nyata dan berkelanjutan antara apa yang dia ketahui dan apa yang dia rasakan.

Dan di sinilah banyak orang mulai merasa lelah.

Karena menghadapi kesulitan adalah satu hal, menghadapi **diri sendiri** adalah hal lain .

Anda mungkin merasakannya sekarang.

Di mana:

- Anda tahu apa yang benar, tetapi tidak selalu menginginkannya.
- Anda memiliki arah yang jelas, tetapi keinginan Anda berkonflik.
- Anda bergerak maju, tetapi tidak tanpa hambatan dari dalam.

Ini bukan kebingungan.

Ini adalah **konflik internal** .

Dan itu bisa terasa melelahkan.

Karena tidak ada jarak darinya.

Tidak ada tempat untuk menjauh darinya.

Ia bergerak bersama Anda.

Anda mulai bertanya:

Mengapa ini masih menjadi perjuangan?

Mengapa saya masih merasa ditarik ke dua arah? Mengapa apa yang saya ketahui tidak menyelesaikan apa yang saya rasakan?

Dan di balik semua itu terdapat rasa frustrasi yang lebih dalam:

Bukankah seharusnya ini sudah lebih mudah sekarang?

Namun Bunyan tidak menyajikan hal ini sebagai sebuah kegagalan.

Dia menyajikannya sebagai sebuah kenyataan.

Kehadiran konflik bukan berarti Anda mundur.

Itu berarti Anda tidak lagi pasif.

Anda sudah bertunangan.

Dan keterlibatan membawa ketegangan.

Karena apa yang dulunya berkuasa tanpa perlawanan kini sedang ditentang. Apa yang dulunya membimbingmu dengan tenang kini sedang dilawan. Dan penentangan menciptakan gesekan.

Lalu apa yang harus dilakukan seseorang, ketika perjuangan itu bukan lagi tentang apa yang benar, melainkan tentang apa yang ia rasakan tertarik padanya? Ketika ia tidak memperdebatkan kebenaran, melainkan bergulat dengan dirinya sendiri?
Dia harus belajar untuk mempertahankan arahnya, bahkan ketika keinginannya belum terwujud sepenuhnya.

Pertanyaan Refleksi

- Di bagian mana saya merasa terpecah antara apa yang saya ketahui dan apa yang saya inginkan?
- Pergumulan batin apa yang terasa paling gigih saat ini?
- Di mana saya berharap keinginan saya akan selaras sebelum saya bertindak?
- Apa yang membuatku lelah untuk menolaknya?
- Seperti apa jadinya jika kita tetap tenang, bahkan di tengah konflik?

Refleksi Mendalam

Bunyan tidak menunggu keinginannya mereda.
Dia melanjutkan kegiatannya meskipun mereka masih dalam konflik.
Anda harus menyadari hal ini:
Keselarasan tidak selalu dimulai dari keinginan.
Seringkali, keselarasan dimulai dari **keputusan** .
Tanyakan pada diri Anda:
Apa yang saya tahu benar, meskipun saya belum sepenuhnya merasakannya?
Apakah saya menunggu sampai merasa selaras sebelum bertindak?
Di sinilah disiplin mulai terbentuk.

Rencana Aksi (Hanya Hari Ini)

1. Identifikasi satu area konflik internal.
   Sebutkan secara spesifik.

2. Pisahkan keinginan dari tujuan.
   Tulis dengan jelas: "Meskipun saya merasakan ini, saya akan memilih ini."
3. Bertindaklah berdasarkan apa yang Anda ketahui—bukan apa yang Anda rasakan.
4. Jangan mencoba menyelesaikan konflik hari ini.
   Tetaplah tenang dalam menghadapinya.

Doa

Tuhan,
aku merasakan beban konflik di dalam diriku.
Apa yang saya ketahui dan apa yang saya rasakan
tidak selalu sama.
Dan membawa keduanya sangat melelahkan.
Bantulah aku agar tidak dikuasai oleh apa yang kurasakan.
Bantulah aku untuk tetap teguh pada apa yang kuketahui.
Berilah aku kekuatan untuk terus maju .
meskipun keinginan-keinginanku tidak sepenuhnya selaras.
Ajari aku untuk melangkah maju
dengan disiplin, bukan menunggu kemudahan.
Dan bentuklah dalam diriku suatu keteguhan
yang tidak tergoyahkan oleh pergumulan batin.
Amin.

HARI KE-23 — Saat Anda Merasa Ingin Berbalik

Momen Jujur di Mana Melanjutkan Terasa Lebih Sulit daripada Menyerah

"Aku tergoda untuk kembali lagi... karena kupikir aku takkan pernah diselamatkan."
— *John Bunyan, Grace Abounding*

Tiba saatnya ketika saya tidak lagi mempertanyakan jalan yang telah saya tempuh.
Saya mempertanyakan apakah saya bisa tetap berada di atasnya.
Sampai saat ini, saya telah banyak mengalami kesulitan. Saya telah menghadapi perlawanan, kebingungan, tuduhan, dan beban konflik batin. Saya tidak berbalik. Saya terus maju, bahkan ketika keadaan sulit.
Namun kini, sesuatu yang lebih dalam muncul ke permukaan.
Bukan keraguan tentang kebenaran.
Tapi keraguan tentang diri sendiri.
Aku mulai merasakan tekanan untuk melanjutkan.
Bukan secara tiba-tiba,
tetapi secara bertahap dan perlahan.
Beban yang tidak langsung menghancurkanmu,
tetapi perlahan membuatmu mempertanyakan apakah kamu mampu menanggungnya lebih lama lagi.
Dan di sinilah pemikiran itu muncul—tidak dengan lantang, tetapi jelas:
Mungkin aku harus berhenti.
Tidak meninggalkan segalanya.
Tidak menolak apa yang saya ketahui.
Berhentilah bergerak maju.

Kembali—tidak sepenuhnya,
tetapi cukup untuk beristirahat.
Cukup untuk bernapas.
Cukup untuk melepaskan diri dari ketegangan yang terus-menerus.
Bunyan menceritakan momen ini dengan kejujuran yang mencolok. Dia tidak menyembunyikan fakta bahwa bahkan setelah memulai, bahkan setelah melanjutkan, bahkan setelah melihat dengan jelas—masih ada saat-saat di mana berbalik terasa seperti kelegaan.
Bukan karena itu benar.
Tapi karena terasa lebih mudah.
Dan di sinilah banyak orang mencapai titik puncak kesabaran mereka secara diam-diam.
Karena pertanyaannya bukan lagi:
Apakah ini benar?
Pertanyaannya menjadi:
Bisakah saya mempertahankan ini?
Anda mungkin merasakannya sekarang.
Di mana:

- melanjutkan terasa berat
- melawan terasa melelahkan
- Mempertahankan arah yang Anda tuju terasa seperti usaha tanpa jeda.

Anda tidak bingung.
Kamu lelah.
Dan rasa lelah pun punya suara.
Tertulis:

- *Anda sudah melakukan cukup banyak.*
- *Anda tidak perlu terus memaksa*
- *Anda bisa berhenti sejenak… untuk saat ini saja.*

Namun yang sering kali dimaksudkan adalah:
Anda hampir berbalik.
Tidak secara dramatis.
Tapi secara bertahap.
Dan di sinilah kejelasan dibutuhkan lagi.
Karena berbalik badan jarang dimulai dengan penolakan.

Semuanya berawal dari **upaya mencari pertolongan** .
Bunyan tidak menggambarkan hal ini sebagai momen pemberontakan.
Dia menggambarkannya sebagai momen kelelahan.
Dan kelelahan, jika tidak dikenali, dapat secara diam-diam mengalihkan arah Anda.
Lalu apa yang harus dilakukan seseorang ketika ia merasakan tarikan bukan dari keinginan, bukan dari tipu daya, melainkan dari kelelahan? Ketika melanjutkan terasa lebih sulit daripada berhenti, dan berhenti terasa dibenarkan?
Dia harus memutuskan lagi.
Bukan soal apakah jalan itu benar,
tetapi apakah dia akan tetap berada di jalan itu—bahkan ketika dia lelah.

Pertanyaan Refleksi

- Di bagian mana saya merasa lelah untuk terus melanjutkan ini sekarang?
- Bagian mana dari perjalanan ini yang terasa berat atau melelahkan?
- Kapan saya tergoda untuk "berhenti sejenak" dengan cara yang sebenarnya adalah mundur?
- Apa yang kukatakan pada diri sendiri untuk membenarkan keputusanku mundur?
- Apakah saya menanggapi kebenaran—atau kelelahan?

Refleksi Mendalam

Bunyan tidak hanya diuji dalam hal kejelasan.
Dia diuji **ketahanannya** .
Anda harus menyadari hal ini:
Rasa lelah bukan berarti Anda keluar jalur.
Tetapi rasa lelah dapat membawa Anda keluar jalur jika Anda terus mengikutinya.
Tanyakan pada diri Anda:
Apakah saya mengambil keputusan berdasarkan kebenaran—atau berdasarkan seberapa lelah saya merasa?
Di sinilah ketekunan mulai terwujud.

Rencana Aksi (Hanya Hari Ini)

1. Identifikasi di bagian mana Anda merasa paling lelah. Sebutkan secara spesifik.
2. Sebutkan pikiran yang mencoba memperlambat Anda.
3. Putuskan dengan tegas:
   "Saya tidak akan berbalik karena saya lelah."
4. Tetaplah melangkah maju selangkah kecil. Sederhanakan, tetapi tetaplah realistis.

Doa

Tuhan,
aku merasakan beban untuk terus melanjutkan.
Bukan karena saya tidak percaya,
tetapi karena saya lelah.
Bantulah aku agar tidak salah mengartikan kelelahan
sebagai kebutuhan untuk berbalik.
Berilah aku kekuatan untuk tetap tegar,
bahkan ketika aku merasa lelah.
Ajari aku untuk terus maju
bukan berdasarkan perasaan, tetapi berdasarkan keputusan.
Dan kuatkanlah aku di tempat ini
, di mana aku diuji bukan dalam kebenaran, tetapi dalam
ketekunan.
Amin.

HARI KE-24 — Memilih ke Depan Tanpa Kejelasan

Ketika Anda Harus Melanjutkan Tanpa Mengetahui Apa yang Akan Terjadi Selanjutnya

"Aku melihat dia melanjutkan perjalanannya, meskipun dia tidak tahu apa yang akan terjadi padanya."
— *John Bunyan, The Pilgrim's Progress*

Ada suatu titik di mana saya tidak lagi bisa mengandalkan kejelasan untuk membimbing saya.
Sebelumnya, setidaknya saya memiliki sedikit arah. Bahkan ketika keadaan sulit, saya tahu mengapa saya memulai. Saya tahu apa yang telah saya lihat. Saya tahu apa yang telah saya tinggalkan.
Namun kini, ada sesuatu yang berubah.
Jalan di depan sudah tidak lagi jelas.
Bukan karena benda itu telah menghilang,
tetapi karena saya tidak dapat melihat cukup jauh untuk merasa yakin.
Aku masih bergerak.
Namun, saya tidak lagi mengerti ke mana setiap langkah akan mengarah.
Di sinilah perjalanan menjadi berbeda.
Karena sampai saat ini, saya telah bertahan—setidaknya sebagian—oleh pemahaman. Bahkan dalam kesulitan, saya bisa menjelaskan mengapa saya terus melanjutkan. Saya bisa menunjukkan sesuatu yang masuk akal, sesuatu yang membenarkan usaha ini.
Namun sekarang, saya tidak bisa melakukan itu.
Aku hanya bisa melanjutkan.
Bunyan menggambarkan gerakan semacam ini dengan ketelitian yang tenang. Christian tidak selalu berjalan dengan

pengetahuan penuh. Dia berjalan dengan **arah** , bahkan ketika detailnya tidak ada. Dia bergerak maju bukan karena semuanya dijelaskan, tetapi karena dia telah memutuskan ke arah mana dia menghadap.

Dan di sinilah banyak orang kembali ragu.

Karena kejernihan terasa seperti keamanan.

Ini memberikan struktur.

Ini memberikan kepercayaan diri. Ini memberikan perasaan bahwa Anda memegang kendali.

Namun ketika kejelasan memudar, sesuatu yang lain dibutuhkan.

Ketidakpahaman.

Tapi percayalah.

Anda mungkin merasakannya sekarang.

Di mana:

- Anda tidak lagi memiliki jawaban untuk apa yang akan terjadi di masa depan.
- Anda tidak bisa memprediksi apa yang akan terjadi selanjutnya.
- Anda melanjutkan—tetapi tanpa kepastian yang pernah Anda miliki.

Dan ini menciptakan jenis ketegangan yang berbeda.

Bukan rasa takut akan apa yang telah kau tinggalkan.

Bukan konflik batin.

Namun, ada ketidakpastian tentang apa yang akan terjadi selanjutnya.

Anda mulai bertanya:

Bagaimana jika ini tidak membuahkan hasil?

Bagaimana jika saya salah paham? Bagaimana jika saya terus melanjutkan—dan masalahnya tetap tidak terselesaikan?

Dan karena tidak ada jawaban langsung,
godaan untuk berhenti sangat besar—bukan karena pemberontakan, tetapi karena kehati-hatian.

Namun di sinilah jalan ini membutuhkan sesuatu yang lebih dalam.

Karena jika Anda hanya bergerak ketika Anda mengerti,
Anda hanya akan melangkah sejauh penjelasan Anda memungkinkan.
Bunyan menunjukkan sesuatu yang lain.
Dia menunjukkan seorang pria yang terus maju
bukan karena dia melihat segalanya, tetapi karena dia sudah melihat cukup banyak.
Lalu apa yang harus dilakukan seseorang ketika jalan di depannya tidak jelas, dan langkah selanjutnya tidak dapat dijelaskan sepenuhnya? Ketika ia tidak dapat mengandalkan kepastian, namun juga tidak dapat kembali ke apa yang telah ditinggalkannya?
Dia harus memilih ke depan.
Bukan karena dia mengerti,
tetapi karena dia mempercayai apa yang telah ditunjukkan kepadanya.

Pertanyaan Refleksi

- Di bagian mana saya merasa ragu tentang apa yang akan terjadi selanjutnya?
- Apa yang ingin saya pahami sebelum melanjutkan?
- Di titik mana saya tergoda untuk berhenti karena kurangnya kejelasan?
- Apa yang sudah saya lihat sehingga cukup untuk membuat saya terus bergerak?
- Apakah saya membutuhkan kepastian sebelum bertindak?

Refleksi Mendalam

Bunyan tidak menunggu kejelasan kembali.
Dia melanjutkan dengan apa yang sudah dijelaskan sebelumnya.
Anda harus menyadari hal ini:
Kejelasan tidak selalu diberikan untuk langkah selanjutnya.
Terkadang kejelasan arah sudah diberikan.
Tanyakan pada diri Anda:

Apa yang sudah saya ketahui yang cukup untuk membuat saya melanjutkan?
Mengapa saya menunggu lebih banyak lagi?
Di sinilah kepercayaan menggantikan penjelasan.

Rencana Aksi (Hanya Hari Ini)

1. Identifikasi satu area di mana Anda menunggu kejelasan.
   Sebutkan secara spesifik.
2. Tuliskan apa yang sudah Anda ketahui sebagai kebenaran.
3. Putuskan dengan jelas:
   "Saya akan melanjutkan dengan apa yang sudah saya ketahui."
4. Ambil satu langkah tanpa perlu pemahaman penuh.

Doa

Tuhan,
aku ingin memahami apa yang akan terjadi di masa depan.
Saya menginginkan kejelasan,
kepastian, dan jaminan.
Namun sekarang saya menyadari bahwa saya tidak memiliki semua itu.
Namun, saya masih memiliki cukup kekuatan untuk melanjutkan.
Bantulah aku untuk mempercayai apa yang telah Engkau tunjukkan kepadaku.
Bantulah aku untuk tidak berhenti hanya karena aku tidak dapat melihat semuanya.
Beri aku keberanian untuk melangkah maju
tanpa perlu penjelasan lengkap.
Dan ajari aku untuk berjalan dengan kepercayaan,
bukan dengan pemahaman yang sempurna.
Amin.

FASE 4 — Pembentukan (Hari ke-25–32)

Disiplin, kejelasan, identitas, penyempurnaan

HARI KE-25 — Disiplin yang Anda Hindari

Ketika Pertumbuhan Membutuhkan Struktur, Bukan Hanya Niat

"Aku melihat Sang Penerjemah memegang tangannya, dan membawanya ke sebuah ruangan pribadi… dan menunjukkan kepadanya hal-hal yang harus dipelajari."
— *John Bunyan, The Pilgrim's Progress*

Aku telah banyak berjuang untuk mencapai titik ini.
Aku telah menghadapi perlawanan, kebingungan, tuduhan, dan beban pergumulan batinku sendiri. Aku tidak berbalik.
Aku terus maju, bahkan ketika aku merasa tidak kuat.
Dan mungkin karena itulah, saya pikir bagian tersulit sudah saya lewati.
Aku salah.
Karena apa yang terjadi selanjutnya tidak terasa seperti sebuah perjuangan.
Rasanya seperti **sebuah persyaratan** .
Bukan tekanan dari luar.
Bukan konflik internal.
Namun, ada harapan yang tenang dan teguh:
Bahwa sekarang saya akan **belajar untuk hidup dengan cara yang berbeda** .
Bunyan menggambarkan bagaimana Christian dibawa ke rumah Sang Penafsir—bukan untuk diuji, tetapi untuk **dibentuk** . Ia diperlihatkan berbagai hal. Diajari berbagai hal.
Dibuat untuk mengamati, memahami, dan menghayati.
Dan di sinilah perjalanan berubah lagi.
Karena sampai saat ini, saya hanya bereaksi.
Bereaksi terhadap keyakinan.
Bereaksi terhadap perlawanan. Bereaksi terhadap apa yang saya lihat dan rasakan.

Namun sekarang, saya diminta untuk **membangun sesuatu yang konsisten** .
Dan ini terasa tidak seintens itu.
Namun, rasanya lebih sulit dengan cara yang berbeda.
Karena disiplin tidak bergantung pada urgensi.
Hal itu bergantung pada **pilihan, yang diulang setiap hari** .
Ada beberapa hal yang saya tahu perlu saya mulai lakukan—bukan karena saya merasa terdorong saat itu juga, tetapi karena saya mengerti bahwa hal-hal itu diperlukan.
Hal-hal yang dibutuhkan:

- waktu
- Perhatian
- konsistensi

Hal-hal yang tidak akan menghasilkan hasil langsung.
Dan di sinilah saya ragu-ragu.
Bukan karena saya tidak setuju,
tetapi karena saya telah menghindari pekerjaan semacam ini sebelumnya.
Lebih mudah untuk bereaksi di saat-saat mendesak
daripada tetap tenang di saat-saat damai.
Anda mungkin merasakannya sekarang.
Di mana:

- Anda tidak lagi dalam krisis
- Anda sudah tidak lagi bereaksi
- tetapi sekarang Anda diminta untuk **menetapkan pola.**

Dan ini terasa berbeda.
Kurang dramatis.
Kurang terlihat. Tapi lebih menuntut seiring waktu.
Anda mulai menyadari:
Ini akan mengharuskan saya untuk hadir—
bukan hanya sekali, tetapi berulang kali.
Lalu apa yang harus dilakukan seseorang, ketika perjalanan itu tidak lagi mendorongnya maju dengan intensitas, tetapi menuntutnya untuk tetap teguh dengan disiplin? Ketika pertumbuhan bukan lagi tentang bereaksi, tetapi tentang membangun sesuatu yang abadi?

Dia harus memilih struktur.
Bukan karena dia merasakannya,
tetapi karena dia memahaminya.

Pertanyaan Refleksi

- Disiplin ilmu apa saja yang selama ini saya hindari, padahal saya tahu itu penting?
- Di mana saya lebih mengandalkan intensitas daripada konsistensi?
- Apa yang saya tahu seharusnya saya lakukan secara rutin—tetapi belum saya lakukan?
- Apa yang terasa "opsional" padahal sebenarnya penting?
- Di bagian mana saya menolak struktur karena terasa menuntut?

Refleksi Mendalam

Bunyan tidak hanya dipimpin melalui perjuangan.
Dia dipimpin masuk ke dalam **formasi** .
Anda harus menyadari hal ini:
Pertumbuhan tidak dapat terus berlanjut hanya melalui intensitas saja. Pertumbuhan
membutuhkan **struktur yang mendukungnya** .
Tanyakan pada diri Anda:
Apa yang harus konsisten dalam hidup saya
agar saya bisa terus maju?
Di sinilah kedewasaan mulai terbentuk.

Rencana Aksi (Hanya Hari Ini)

1. Sebutkan satu disiplin yang telah Anda hindari (waktu membaca Kitab Suci, doa, refleksi, pengendalian diri, dll.)
2. Buatlah sederhana dan spesifik.
   Jangan ambisius—konsisten.
3. Latihlah hari ini pada waktu yang telah ditentukan.
4. Berkomitmenlah untuk mengulanginya besok.
   Mulailah pola tersebut.

Doa

Tuhan,
aku telah menanggapi saat-saat genting, tetapi aku tidak selalu konsisten.
Sekarang saya mengerti bahwa pertumbuhan membutuhkan lebih dari sekadar niat. Pertumbuhan
membutuhkan disiplin.
Bantulah aku membangun apa yang selama ini kuhindari.
Bantulah aku memilih konsistensi bahkan ketika aku tidak merasa terburu-buru.
Berilah aku kekuatan untuk membangun pola-pola
yang akan menopang apa yang sedang Engkau bentuk dalam diriku.
Dan ajari aku untuk tetap teguh
dalam proses menjadi yang tenang.
Amin.

HARI KE-26 — Belajar Berjalan, Bukan Terburu-buru

Ketika Kemajuan Diperlambat dengan Sengaja

"Aku melihat bahwa dia tidak lagi berlari seperti sebelumnya, tetapi berjalan dengan lebih hati-hati, memperhatikan jalan."
— *John Bunyan, The Pilgrim's Progress*

Pada awalnya, saya bergerak cepat.

Ada rasa urgensi dalam diri saya—kesadaran bahwa ada sesuatu yang salah, bahwa saya tidak bisa tetap berada di tempat saya sekarang. Saya merasa perlu untuk bertindak, bergerak, dan merespons tanpa penundaan.

Dan begitulah yang saya lakukan.

Aku pergi dengan cepat.

Aku bereaksi dengan keras. Aku maju dengan penuh semangat.

Namun kini, ada sesuatu yang telah berubah.

Aku masih bergerak—tapi tidak dengan cara yang sama.

Laju pergerakannya melambat.

Bukan karena aku kehilangan arah.

Bukan karena aku menjadi lemah.

Namun karena saya diajari sesuatu yang belum saya pelajari:

Bagaimana **berjalan dengan penuh kesadaran** , bukan hanya terburu-buru.

Bunyan menunjukkan pergeseran ini secara halus. Christian tidak selalu berlari. Ada saat-saat di mana kecepatan digantikan oleh **kehati-hatian** , di mana gerakan menjadi disengaja, terukur, dan penuh perhatian.

Dan ini bukanlah kemunduran.

Ini adalah formasi.

Karena terburu-buru dapat membawa Anda maju dengan cepat—tetapi tidak dapat memberikan keberlangsungan.

Anda mungkin mengenali ketegangan ini.

Di mana:

- Anda memulai dengan intensitas
- Awalnya kamu bergerak dengan cepat.
- Namun sekarang, kecepatannya terasa lebih lambat.

Dan sebagian dari dirimu bertanya-tanya:
Apakah saya kehilangan momentum?
Apakah saya menjadi kurang serius? Mengapa ini terasa kurang mendesak?
Namun ini bukanlah sebuah kerugian.
Ini adalah **masa transisi** .
Karena rasa urgensi dapat memulai sebuah perjalanan.
Tetapi hanya **langkah yang mantap** yang dapat mempertahankannya.
Ada hal-hal yang tidak bisa Anda pelajari sambil terburu-buru.
Anda tidak bisa mengamati.
Anda tidak bisa membedakan. Anda tidak bisa mengembangkan daya tahan.
Maka terjadilah perubahan kecepatan—bukan untuk memperlambatmu,
tetapi untuk **mengajarkanmu cara untuk terus maju** .
Dan ini menghadirkan tantangan yang berbeda.
Karena memperlambat laju membutuhkan kepercayaan.
Artinya:

- Anda tidak lagi termotivasi oleh tekanan.
- Anda sudah tidak lagi bereaksi
- Anda memilih untuk tetap konsisten, bahkan tanpa intensitas.

Dan ini bisa terasa asing.
Karena Anda tidak sedang ditekan.
Anda diminta untuk **berjalan** .
Lalu apa yang harus dilakukan seseorang ketika desakan yang pernah menggerakkannya mulai mereda, dan perjalanan tidak lagi terasa cepat, melainkan stabil? Ketika kemajuan tidak lagi diukur dengan kecepatan, tetapi dengan konsistensi?
Dia harus belajar berjalan.
Tidak lebih cepat.
Tidak lebih sulit.
Namun **dengan setia** .

Pertanyaan Refleksi

- Di mana selama ini aku terburu-buru alih-alih berjalan dengan tenang?
- Apakah saya mengaitkan kemajuan dengan kecepatan?
- Di bagian mana saya mulai tidak sabar dengan laju pertumbuhan saya?
- Apa yang saya lewatkan karena saya mencoba bergerak terlalu cepat?
- Bisakah saya tetap konsisten meskipun segala sesuatunya terasa lebih lambat?

Refleksi Mendalam

Peziarah Bunyan tidak selalu berlari.
Dia sedang belajar berjalan dengan penuh kesadaran.
Anda harus menyadari hal ini:
Kecepatan tidak sama dengan pertumbuhan.
Konsistensilah yang menentukan.
Tanyakan pada diri Anda:
Apakah saya mencoba mempercepat sesuatu yang harus dibangun secara perlahan?
Di sinilah daya tahan mulai berkembang.

Rencana Aksi (Hanya Hari Ini)

1. Identifikasi satu area di mana Anda terburu-buru (keputusan, pertumbuhan, kebiasaan, harapan)
2. Sengaja perlambat pendekatan Anda
3. Fokuslah untuk melakukannya **dengan hati-hati dan konsisten** , bukan dengan cepat.
4. Ulangi kecepatan yang sama besok.

Doa

Tuhan,
aku sering kali terburu-buru bertindak ketika merasa ada urgensi.
Namun sekarang saya menyadari bahwa saya tidak dapat mempertahankan perjalanan ini
hanya dengan intensitas saja.
Ajari aku berjalan dengan mantap.
Ajari aku bergerak dengan hati-hati, bukan terburu-buru.
Bantulah aku untuk mempercayai ritme
yang membentuk diriku, bukan hanya kecepatan yang menggerakkanku.
Dan berilah aku rahmat untuk tetap konsisten,
bahkan-ketika perjalanan terasa lebih lambat dari yang kuharapkan.
Amin.

HARI KE-27 — Kekuatan yang Tersembunyi dalam Ketidakjelasan

Ketika Pertumbuhan Terjadi di Tempat yang Tak Terlihat Siapa Pun

"Aku juga melihat bahwa ia melewati banyak tempat di mana ia kurang diperhatikan… namun ia tidak berhenti melanjutkan perjalanannya."
— *John Bunyan, The Pilgrim's Progress*

Saya berharap jika saya terus melanjutkan cukup lama, sesuatu akan mulai terlihat.
Bahwa akan ada bukti—yang terlihat, dapat dikenali, dan menegaskan—bahwa saya sedang berubah, bahwa saya sedang berkembang, bahwa sesuatu di dalam diri saya menjadi lebih kuat.
Namun, bukan itu yang saya temukan.
Yang saya temukan adalah… keheningan.
Bukan kedamaian seperti yang kubayangkan.
Bukan kejelasan yang membuat segalanya tampak jelas.
Namun, ada semacam ketersembunyian.
Aku masih berjalan.
Masih memilih. Masih mempraktikkan apa yang telah kumulai.
Namun, tidak ada penghargaan yang menyertainya.
Tidak ada konfirmasi eksternal.
Tidak ada tanda-tanda pertumbuhan yang terlihat. Tidak ada perasaan bahwa siapa pun—bahkan saya sendiri—dapat melihat dengan jelas apa yang sedang terjadi.
Dan ini membuatku lebih gelisah dari yang kuduga.
Karena ada sesuatu dalam diriku yang masih menginginkan **hasil** .
Untuk mengukur kemajuan.
Untuk menunjuk sesuatu dan berkata: "Ini berhasil."

Namun, yang saya dapatkan justru hal lain:
Konsistensi... tanpa visibilitas.
Bunyan menangkap hal ini dengan tenang namun jujur. Ada bagian-bagian panjang dalam perjalanan di mana tidak ada hal dramatis yang terjadi. Tidak ada pertempuran besar. Tidak ada momen-momen penting.
Hanya gerakan.
Stabil. Tak disadari. Tak dirayakan.
Namun, justru di tempat-tempat inilah sesuatu yang lebih dalam terbentuk.
Karena apa yang dibangun dalam ketidakjelasan
tidak akan bertahan lama jika mendapat perhatian.
Hal itu didukung oleh **keyakinan** .
Anda mungkin merasakannya sekarang.
Di mana:

- Anda melakukan hal yang benar.
- tetapi tampaknya tidak ada perubahan yang terlihat dari luar.
- Anda konsisten, tetapi tidak ditegaskan.
- Kamu sedang tumbuh, tetapi pertumbuhannya tidak terlihat.

Dan ini menciptakan ketegangan yang halus.
Karena tanpa visibilitas,
motivasi mulai melemah.
Anda mulai bertanya:
Apakah sebenarnya ada sesuatu yang terjadi?
Apakah ini membuat perbedaan? Mengapa ini terasa begitu tidak diperhatikan?
Dan di baliknya terdapat keinginan yang lebih dalam:
Untuk dilihat.
Untuk diakui. Untuk mengetahui bahwa usahamu tidak sia-sia.
Namun, di sinilah pembentukan karakter menjadi lebih dalam.
Karena jika pertumbuhanmu bergantung pada dilihat orang, maka itu tidak akan bertahan lama jika kamu tidak dilihat.

Peziarah Bunyan melanjutkan perjalanannya—bukan karena ia diperhatikan, tetapi karena ia **bertekad** .
Dia berjalan melalui tempat-tempat di mana tidak ada yang memperhatikan kemajuannya, tidak ada yang menegaskan arahnya, dan tidak ada tanda-tanda kemajuan dari luar.
Namun—dia melanjutkan.
Lalu apa yang harus dilakukan seseorang ketika pertumbuhannya tersembunyi, kemajuannya tidak terlihat, dan usahanya tidak diakui? Ketika ia harus terus maju tanpa pengakuan, tanpa umpan balik, tanpa bukti?
Dia harus memposisikan dirinya dengan cara yang berbeda.
Bukan pada apa yang terlihat,
tetapi pada apa yang sedang dibentuk.

Pertanyaan Refleksi

- Di mana saya melakukan hal yang benar tanpa melihat hasilnya?
- Bagian mana dari diriku yang masih menginginkan pengakuan atau kemajuan yang nyata?
- Di mana saya tergoda untuk berhenti karena sepertinya tidak ada yang terjadi?
- Bagaimana jadinya jika terus berlanjut tanpa terlihat?
- Apakah saya bergantung pada hasil—atau berkomitmen pada pembentukan karakter?

Refleksi Mendalam

Perjalanan Bunyan tidak ditandai dengan terobosan-terobosan yang terus-menerus.
Hal itu terbentuk melalui rentang waktu yang panjang dari **kesetiaan yang tersembunyi** .
Anda harus menyadari hal ini:
Tidak semua pertumbuhan terlihat.
Tetapi itu tidak mengurangi kenyataannya.
Tanyakan pada diri Anda:
Jika tidak ada yang melihat bagian dari perjalanan saya ini, apakah saya akan tetap melanjutkannya?
Di sinilah kedalaman terbentuk.

Rencana Aksi (Hanya Hari Ini)

1. Identifikasi satu area di mana pertumbuhan Anda terasa tidak terlihat.
2. Akui dengan jelas:
   "Ini penting—walaupun tidak terlihat."
3. Pertahankan disiplin yang sama hari ini tanpa mengharapkan hasil.
4. Jangan menilai kemajuan Anda hari ini. Cukup tetap konsisten.

Doa

Tuhan,
aku sedang berjalan, tetapi aku tidak melihat banyak perubahan.
Aku melakukan hal yang benar,
tetapi rasanya tersembunyi, tak disadari.
Bantulah aku agar tidak bergantung pada apa yang terlihat.
Bantulah aku untuk tetap setia bahkan ketika tampaknya tidak ada yang terjadi.
Berilah aku kekuatan untuk terus melanjutkan
tanpa membutuhkan pengakuan.
Dan bentuklah dalam diriku sesuatu yang lebih dalam—
sesuatu yang tidak bergantung pada dilihat, tetapi berakar pada ketaatan.
Amin.

HARI KE-28 — Proses Transformasi yang Lambat

Ketika Perubahan Sedang Terjadi—Tetapi Bukan Seperti yang Anda Harapkan

"Aku melihat bahwa pekerjaan di dalam dirinya bukanlah sesuatu yang terjadi secara tiba-tiba… melainkan berlangsung secara bertahap, melalui banyak cobaan dan pengajaran."
— *John Bunyan, Grace Abounding (disarikan dari tema)*

Saya mengharapkan perubahan yang lebih jelas dari ini.
Tidak instan—tetapi setidaknya terlihat.
Saya berpikir bahwa jika saya tetap berada di jalur yang benar, jika saya tetap konsisten, jika saya mempraktikkan apa yang telah mulai saya pelajari, maka sesuatu dalam diri saya akan mulai berubah dengan cara yang mudah saya kenali.
Namun, yang saya temukan justru... bertahap.
Perubahannya begitu bertahap sehingga hampir sulit untuk diukur.
Aku tidak berada di tempatku dulu.
Tapi aku juga belum berada di tempat yang kupikir akan kutuju.
Dan ruang di antara keduanya terasa tidak pasti.
Karena tidak ada kejadian dramatis yang terjadi.
Tidak ada momen jelas di mana segalanya berubah.
Tidak ada terobosan mendadak yang menandai versi baru dari diri saya.
Hanya sesuatu yang lebih tenang.
Sesuatu yang terungkap perlahan—hampir di bawah permukaan.
Kehidupan Bunyan mencerminkan transformasi semacam ini dengan kejujuran yang mencolok. Perubahannya bukanlah peristiwa tunggal yang menyelesaikan segalanya. Itu adalah proses yang panjang—ditandai dengan perjuangan, kejelasan,

kemunduran, pertumbuhan, dan pemahaman yang lebih dalam dari waktu ke waktu.
Dia tidak berubah dalam sekejap.
Dia **terbentuk seiring waktu** .
Dan pembentukan itu tidak selalu terasa seperti sebuah kemajuan.
Seringkali terasa seperti pengulangan.
Kembali mempelajari pelajaran yang sama.
Menghadapi ketegangan yang sama. Mempraktikkan disiplin yang sama.
Dan bertanya-tanya:
Mengapa ini memakan waktu begitu lama?
Anda mungkin merasakannya sekarang.
Di mana:

- Kamu tidak sama seperti dulu.
- tetapi kamu belum menjadi seperti yang kamu harapkan
- Anda konsisten, tetapi tidak berubah seperti yang Anda bayangkan.

Dan ini menimbulkan rasa frustrasi yang terselubung.
Karena kita sering mengharapkan transformasi itu terlihat jelas.
Untuk merasa berbeda.
Untuk terlihat berbeda. Untuk tiba dengan jelas.
Namun, transformasi sejati jarang sekali menunjukkan dirinya secara terang-terangan.
Prosesnya berlangsung... dengan tenang.
Selapis demi selapis.
Pilihan demi pilihan. Hari demi hari.
Dan karena prosesnya lambat,
rasanya seperti tidak terjadi apa-apa.
Namun itu tidak benar.
Apa yang lambat
seringkali justru memiliki **kedalaman** .
Perubahan cepat dapat mengubah perilaku.
Perubahan lambat membentuk kembali identitas.

Bunyan tidak menjadi seperti sekarang ini melalui momen pencerahan.
Ia menjadi seperti sekarang ini melalui **ketekunan dalam prosesnya** .
Lalu apa yang harus dilakukan seseorang ketika perubahan terjadi—tetapi tidak cukup cepat untuk memuaskannya?
Ketika ia bertumbuh—tetapi tidak dengan cara yang terasa langsung atau jelas?
Dia harus tetap tinggal.
Bukan karena dia melihat hasilnya,
tetapi karena dia mempercayai prosesnya.

Pertanyaan Refleksi

- Di bagian mana saya merasa frustrasi dengan laju pertumbuhan saya?
- Apa harapan saya tentang bagaimana seharusnya perubahan itu dirasakan?
- Di mana letak kesalahan saya dalam mengabaikan kemajuan kecil karena tidak dramatis?
- Pola apa yang saya ulangi yang sebenarnya membentuk diri saya?
- Apakah saya bersedia untuk melanjutkan—meskipun perubahannya bertahap?

Refleksi Mendalam

Transformasi Bunyan tidak terjadi secara instan.
Hal itu terus berlanjut.
Anda harus menyadari hal ini:
Lambat bukan berarti stagnan.
Seringkali, itu berarti **semakin mendalam** .
Tanyakan pada diri Anda:
Apa yang sedang terbentuk dalam diriku saat ini
yang belum bisa kulihat sepenuhnya?
Di sinilah kesabaran menjadi sangat penting.

Rencana Aksi (Hanya Hari Ini)

1. Identifikasi satu area di mana perubahan terasa lambat.

2. Tuliskan satu hal kecil yang menunjukkan bagaimana Anda telah berkembang (walaupun terasa sepele).
3. Akui saja: "Ini adalah bagian dari prosesnya."
4. Pertahankan disiplin yang sama hari ini tanpa mengharapkan hasil langsung.

Doa

Tuhan,
aku ingin melihat perubahan dengan lebih jelas.
Saya ingin merasakan kemajuan.
Saya ingin tahu bahwa sesuatu sedang terjadi.
Namun sekarang aku mengerti bahwa apa yang Engkau lakukan dalam diriku
bukanlah sesuatu yang terburu-buru.
Bantulah aku untuk mempercayai proses yang lambat ini.
Bantulah aku untuk tetap teguh bahkan ketika aku tidak dapat mengukur pertumbuhan dengan mudah.
Berilah aku kesabaran dalam proses ini,
dan cegah aku dari rasa putus asa karena apa yang terasa bertahap.
Dan teruslah membentuk dalam diriku
apa yang hanya dapat dihasilkan oleh waktu dan ketaatan.
Amin.

HARI KE-29 — Ketika Ketaatan Menjadi Alami

Ketika Apa yang Dahulu Terasa Dipaksakan Mulai Berakar

"Aku melihat dia melanjutkan perjalanannya dengan langkah yang lebih mantap... bukan seperti orang yang dipaksa, tetapi seperti orang yang bertekad."
— *John Bunyan, The Pilgrim's Progress*

Sesuatu telah mulai berubah.
Tidak tiba-tiba.
Tidak secara dramatis.
Namun, terlihat jelas.
Ada hal-hal yang dulunya terasa sulit—ditolak, ditunda, dinegosiasikan—yang sekarang saya lakukan dengan lebih sedikit usaha. Bukan tanpa berpikir, bukan tanpa kesadaran—tetapi tanpa pergumulan batin yang sama seperti yang pernah menyertainya.
Saya masih memilih.
Namun pilihan itu tidak lagi terasa seberat dulu.
Apa yang dulunya membutuhkan usaha,
kini membutuhkan **lebih sedikit perlawanan** .
Dan ini mengejutkan saya.
Karena aku sudah terbiasa dengan ketegangan itu. Terbiasa dengan konflik batin. Terbiasa harus memaksakan diri untuk selaras dengan apa yang kuketahui benar.
Namun kini, ada sesuatu yang berubah.
Tidak sempurna.
Tidak sepenuhnya.
Tapi sungguh.
Bunyan mencerminkan perkembangan ini dalam perjalanan tersebut. Ada saat-saat di mana Christian tidak lagi bergerak dengan ragu-ragu atau bingung, tetapi dengan **arah yang**

pasti . Bukan karena jalannya telah berubah—tetapi karena sesuatu di dalam dirinya telah berubah.
Dia sudah tidak bereaksi lagi.
Dia sedang menjadi.
Dan inilah yang terjadi ketika disiplin dipertahankan.
Apa yang dimulai sebagai usaha
akan berubah menjadi kebiasaan.
Apa yang dimulai sebagai pola
akan menjadi kebiasaan.
Apa yang menjadi kebiasaan
mulai membentuk identitas.
Anda mungkin menyadarinya sekarang.
Di mana:

- Sesuatu yang dulunya terasa sulit kini menjadi lebih alami.
- Apa yang dulu Anda tolak, sekarang Anda terima dengan lebih cepat.
- Apa yang sebelumnya membutuhkan tenaga, kini membutuhkan usaha yang lebih sedikit.

Namun, hal ini bisa saja terabaikan.
Karena tidak terasa dramatis.
Rasanya... normal.
Dan karena terasa normal,
Anda mungkin tidak menyadari bahwa itu adalah sebuah pertumbuhan.
Namun, ini adalah salah satu tanda pembentukan yang paling jelas.
Bukan ketika semuanya sempurna,
tetapi ketika apa yang dulunya tidak wajar mulai terasa **selaras**
.
Namun demikian, ada beberapa hal yang perlu diwaspadai di sini.
Karena ketika kepatuhan menjadi lebih mudah,
hal itu juga bisa menjadi... tidak disadari.
Anda dapat mulai:

- menganggapnya sebagai hal yang biasa
- berhenti bersikap sengaja

- anggap saja hal itu akan terus berlanjut tanpa mendapat perhatian.

Namun apa yang telah terbentuk tetap harus **dipelihara** . Peziarah dalam lukisan Bunyan tidak berhenti berjalan dengan hati-hati hanya karena jalannya sudah familiar. Ia terus berjalan—bukan dengan kecemasan, tetapi dengan kesadaran. Karena bahkan pola yang sudah mapan pun membutuhkan **perhatian** .

Lalu apa yang harus dilakukan seseorang ketika ketaatan tidak lagi terasa sesulit sebelumnya? Ketika apa yang dulunya membutuhkan usaha mulai terasa alami?

Dia tidak boleh lengah dan ceroboh.

Dia harus semakin **stabil** .

Pertanyaan Refleksi

- Apa yang dulunya sulit kini menjadi lebih mudah bagi saya?
- Di mana saya melihat pertumbuhan yang tenang yang mungkin telah saya abaikan?
- Pola apa yang mulai saya bentuk secara konsisten?
- Di mana saya bisa mulai menganggap kemajuan sebagai sesuatu yang sudah pasti?
- Apakah saya masih memiliki niat dalam hal yang kini menjadi alami?

Refleksi Mendalam

Peziarah Bunyan tidak hanya berjuang.
Kondisinya **stabil** .
Anda harus menyadari hal ini:
Ketika ketaatan menjadi hal yang alami,
pembentukan karakter sedang berakar.
Tanyakan pada diri Anda:
Apa yang terasa berbeda sekarang
dibandingkan dengan apa yang dulunya terasa sulit?
Ini bukan hal kecil.
Ini adalah perubahan.

Rencana Aksi (Hanya Hari Ini)

1. Identifikasi satu area di mana kepatuhan menjadi lebih mudah.
2. Akui dengan jelas:
   "Ini adalah pertumbuhan."
3. Perkuatlah secara sengaja hari ini.
   Lakukan dengan kesadaran—bukan secara otomatis.
4. Berkomitmenlah untuk memeliharanya, bukan menganggapnya sudah pasti.

Doa

Tuhan,
aku melihat bahwa sesuatu dalam diriku mulai berubah.
Apa yang dulunya terasa sulit
kini menjadi lebih alami.
Bantulah aku agar tidak mengabaikan hal ini.
Bantulah aku agar tidak menganggapnya remeh.
Berikan aku kesadaran untuk mempertahankan
apa yang sedang terbentuk dalam diriku.
Biarkan apa yang sudah mulai berakar
menjadi stabil, konsisten, dan bertahan lama.
Dan jauhkan aku dari kecerobohan
saat aku terus tumbuh.
Amin.

HARI KE-30 — Kematian Pola-Pola Lama

Ketika Hal yang Pernah Mendefinisikan Dirimu Mulai Kehilangan Pengaruhnya

"Aku mendapati bahwa hal-hal yang dulu kucintai, kini kubenci; dan hal-hal yang dulu kubenci, mulai kucintai."
— *John Bunyan, Grace Abounding*

Ada beberapa hal yang dulu sering saya baca ulang tanpa berpikir panjang.
Pola-pola yang terasa alami.
Reaksi-reaksi yang terasa otomatis. Cara berpikir, menanggapi, dan memilih yang tidak saya pertanyakan—karena sudah begitu lama melekat pada saya.
Hal itu tidak selalu jelas.
Tidak selalu terlihat.
Namun mereka konsisten.
Dan karena hal itu konsisten,
hal itu menjadi bagian dari cara saya memahami diri sendiri.
Beginilah saya sebenarnya.
Namun sesuatu telah mulai berubah.
Tidak tiba-tiba.
Tidak sepenuhnya.
Namun, tak dapat disangkal.
Ada saat-saat di mana pola-pola itu tidak lagi terasa senatural dulu. Apa yang dulu kulewati tanpa ragu, kini kuhentikan sejenak. Sesuatu di dalam diriku menolak apa yang pernah kuterima.
Dan ini terasa… asing.
Karena saya belum terbebas dari pola-pola itu.
Namun, saya tidak lagi merasa sepenuhnya nyaman di dalamnya.

Bunyan menggambarkan perubahan ini dengan sangat jelas. Ia berbicara tentang transformasi bukan hanya dalam perilaku, tetapi juga dalam **perasaan** —dalam apa yang diinginkannya, apa yang menarik perhatiannya, apa yang ia setujui secara internal.

Apa yang dulunya terasa selaras
mulai terasa janggal.

Dan di sinilah sesuatu mulai **mati** .

Tidak sekaligus.

Namun secara bertahap.

Karena pola lama tidak hilang seketika.

Mereka melemah.

Mereka kehilangan wewenang.

Mereka kehilangan kenyamanan. Mereka kehilangan rasa memiliki.

Dan dalam proses itu, Anda mendapati diri Anda berada di tengah-tengah.

Bukan lagi dirimu yang dulu.

Belum sepenuhnya menjadi dirimu yang sedang berkembang.

Dan ruang ini bisa terasa tidak stabil.

Karena yang lama belum sepenuhnya hilang.

Dan yang baru belum sepenuhnya terbentuk.

Anda mungkin merasakannya sekarang.

Di mana:

- Sesuatu yang dulu pernah Anda kunjungi kembali kini terasa salah.
- sesuatu yang dulu Anda terima kini terasa tidak sesuai
- Sesuatu yang dulunya Anda benarkan kini terasa sulit untuk dilanjutkan.

Namun, hal itu belum sepenuhnya hilang.

Masih muncul.

Masih menelepon. Masih mengundang.

Namun, sekarang sudah tidak pas lagi seperti dulu.

Dan ini menciptakan ketegangan.

Karena sekarang Anda harus memilih
apa yang tidak lagi otomatis.

Bunyan tidak menggambarkan hal ini sebagai kemenangan instan.
Dia menggambarkannya sebagai **perubahan arah** .
Di mana hati mulai berdetak berbeda,
bahkan sebelum semuanya terselesaikan sepenuhnya.
Lalu apa yang harus dilakukan seseorang ketika pola-pola lama mulai kehilangan pengaruhnya, tetapi belum sepenuhnya membebaskannya? Ketika ia tidak lagi merasa nyaman dengan apa yang pernah mendefinisikannya, tetapi masih merasakan kehadirannya?
Dia tidak boleh kembali pada hal-hal yang sedang memudar.
Dia harus terus bergerak menuju apa yang sedang terbentuk.

Pertanyaan Refleksi

- Pola apa dalam hidup saya yang tidak lagi terasa alami atau tepat?
- Di mana saya merasakan ketegangan antara apa yang dulu saya lakukan dan apa yang saya rasakan sekarang?
- Apa yang sudah saya lewati—tetapi belum sepenuhnya saya tinggalkan?
- Kapan saya tergoda untuk kembali pada sesuatu yang sudah tidak sesuai lagi?
- Apa yang mulai berubah dalam hal yang saya inginkan?

Refleksi Mendalam

Bunyan tidak berubah dalam semalam.
Namun, dia tidak bisa lagi tetap sama seperti sebelumnya.
Anda harus menyadari hal ini:
Ketika sesuatu mulai terasa tidak pada tempatnya,
seringkali itu karena hal tersebut sudah tidak lagi pantas berada di sana.
Tanyakan pada diri Anda:
Apa yang sudah tidak sesuai lagi dengan jati diri saya saat ini?
Di sinilah pola-pola lama mulai kehilangan kekuatannya.

Rencana Aksi (Hanya Hari Ini)

1. Identifikasi satu pola lama yang sudah tidak terasa relevan lagi.
2. Akui dengan jelas:
   "Ini tidak lagi pantas ada dalam hidupku."
3. Saat muncul hari ini—berhenti sejenak.
   Jangan merespons secara otomatis.
4. Pilihlah cara yang berbeda, meskipun terasa asing.

Doa

Tuhan,
aku melihat ada sesuatu dalam diriku yang sedang berubah.
Apa yang dulunya terasa alami,
kini terasa benar lagi.
Namun aku masih berada di antara keduanya—
belum sepenuhnya bebas, belum sepenuhnya terbentuk.
Bantulah aku agar tidak kembali
pada apa yang sedang memudar.
Berilah aku kekuatan untuk memilih hal yang berbeda,
bahkan ketika hal itu terasa asing.
Dan teruskan pekerjaan dalam diriku
yang menyingkirkan apa yang sudah tidak relevan dan
membangun apa yang relevan.
Amin.

HARI KE-31 — Mengenali Diri yang Baru

Saat Kamu Mulai Melihat Siapa Dirimu Sebenarnya

"Aku melihat bahwa penampilannya tidak lagi seperti dulu… ada sesuatu yang berubah pada wajah dan gerak-geriknya."
— *John Bunyan, The Pilgrim's Progress*

Ada suatu masa ketika saya tahu persis siapa diri saya.
Bukan karena saya telah menelitinya secara mendalam,
tetapi karena hal itu telah konsisten begitu lama.
Reaksi saya dapat diprediksi.
Pola saya sudah familiar. Tanggapan saya mengikuti jalur yang sama.
Aku tidak perlu memikirkan siapa diriku.
Saya hanya menjalaninya.
Namun sekarang, ada sesuatu yang berbeda.
Tidak sepenuhnya.
Belum terbentuk sempurna.
Namun cukup untuk diperhatikan.
Ada saat-saat di mana saya berhenti sejenak—bukan karena saya ragu, tetapi karena saya tidak lagi bereaksi seperti dulu.
Situasi yang dulu akan menimbulkan respons yang sama kini terasa… berbeda.
Tidak dipaksakan.
Tidak dibuat-buat.
Namun berubah.
Dan ini menciptakan kesadaran yang aneh.
Karena saya tidak lagi bisa sepenuhnya mengenali diri saya yang dulu.
Namun, saat itu saya belum sepenuhnya bisa mendefinisikan siapa diri saya sebenarnya.

Saya berada di tengah-tengah.
Bunyan menangkap transformasi ini bukan hanya dalam tindakan, tetapi juga dalam kehadiran. Christian mulai bersikap berbeda—bukan karena dia mencoba terlihat berubah, tetapi karena sesuatu di dalam dirinya telah bergeser.
Arahnya tidak lagi ragu-ragu.
Gerakannya tidak lagi reaktif. Posturnya mencerminkan sesuatu yang lebih dalam.
Dan di sinilah identitas mulai terbentuk.
Bukan pada apa yang Anda nyatakan,
tetapi pada bagaimana Anda menjalani hidup secara konsisten.
Anda mungkin mulai menyadari hal ini sekarang.
Di mana:

- kamu tidak lagi bereaksi seperti dulu
- Anda menyadari perbedaan dalam cara berpikir, pilihan, dan reaksi Anda.
- Sesuatu dalam dirimu terasa lebih tenang—meskipun belum sepenuhnya sempurna.

Namun, hal ini bisa terasa kurang jelas.
Karena identitas tidak berubah sekaligus.
Itu muncul.
Secara bertahap.
Dengan tenang. Melalui pengulangan dan penyesuaian.
Dan karena prosesnya bertahap,
Anda mungkin ragu untuk menyebutkannya.
Anda mungkin berpikir:
Ini belum cukup.
Ini belum lengkap. Saya masih mengerjakannya.
Dan itu memang benar.
Namun sesuatu telah dimulai.
Dan hal itu harus diakui.
Karena apa yang tidak Anda kenali,
mungkin tidak akan Anda masuki sepenuhnya.
Peziarah karya Bunyan tidak berhenti dan menyatakan dirinya telah selesai.

Namun, ia berjalan dengan semakin jelas tentang siapa dirinya—dan ke mana ia akan pergi.

Lalu apa yang harus dilakukan seseorang ketika ia mulai menyadari bahwa ia bukan lagi seperti dulu, tetapi belum sepenuhnya menjadi seperti yang akan ia alami? Ketika identitas sedang terbentuk, tetapi belum selesai?

Dia harus mengakui hal itu.

Bukan sebagai penyelesaian,

tetapi sebagai **arahan** .

Pertanyaan Refleksi

- Dalam hal apa saja saya tidak lagi sama seperti dulu?
- Perubahan apa saja yang mulai saya perhatikan dalam respons atau cara berpikir saya?
- Di bagian mana saya masih merasa "di antara"?
- Bagian mana dari identitas saya yang mulai terbentuk?
- Apakah saya bersedia mengakui pertumbuhan—sekalipun belum sempurna?

Refleksi Mendalam

Peziarah Bunyan tidak langsung berubah.

Namun, jelas sekali dia **mulai berubah** .

Anda harus menyadari hal ini:

Identitas tidak ditentukan dalam sekejap.

Identitas terungkap melalui perubahan yang konsisten.

Tanyakan pada diri Anda:

Apa yang kini menjadi kenyataan tentang diriku
yang sebelumnya tidak demikian?

Di sinilah identitas mulai stabil.

Rencana Aksi (Hanya Hari Ini)

1. Tuliskan tiga cara yang telah Anda ubah.
2. Akui hal ini dengan jelas:
   "Inilah jati diri saya."
3. Pilihlah satu situasi hari ini
   dan berikan tanggapan Anda berdasarkan identitas baru ini.

4. Lakukan secara sadar—bukan secara otomatis.

Doa

Tuhan,
aku menyadari bahwa aku bukan lagi orang yang sama seperti dulu.
Meskipun saya belum sepenuhnya berada di tempat yang saya inginkan,
sesuatu dalam diri saya telah berubah.
Bantulah aku untuk mengenali apa yang Engkau bentuk dalam diriku.
Bantulah aku untuk menjalaninya—bukan sebagai seseorang yang dulu aku, tetapi sebagai seseorang yang Engkau bentuk untuk menjadi diriku di masa depan.
Berikan saya kejelasan dalam proses ini,
dan kepercayaan diri untuk melangkah ke dalam apa yang sedang terbentuk.
Dan teruslah membangun dalam diriku
sebuah kehidupan yang mencerminkan identitas baru ini.
Amin.

HARI KE-32 — Kestabilan di Jalan Sempit

Ketika Konsistensi Menjadi Landasan Baru Anda

"Aku melihat dia melanjutkan perjalanannya dengan penuh keyakinan, tanpa menoleh ke kanan maupun ke kiri."
— *John Bunyan, The Pilgrim's Progress*

Ada suatu masa ketika setiap langkah terasa tidak pasti.
Aku mempertanyakan segalanya.
Arah hidupku. Keputusan-keputusanku. Bahkan keinginanku untuk melanjutkan.
Ada saat-saat di mana saya melangkah maju,
dan ada saat-saat di mana saya hampir berbalik.
Namun kini... sesuatu telah mereda.
Tidak semuanya jelas.
Tidak semuanya mudah.
Namun, aku tidak lagi merasa tidak stabil.
Aku tak lagi berubah-ubah mengikuti setiap pikiran, setiap perasaan, setiap tekanan yang menghampiriku. Kini ada sesuatu yang stabil di balik gerakanku—sesuatu yang tidak bergantung pada perasaanku saat itu.
Aku masih berjalan.
Tapi sekarang, aku sudah **mapan** .
Bunyan menggambarkan perkembangan semacam ini dengan kekuatan yang tenang. Christian tidak lagi mudah dialihkan. Dia tidak lagi teralihkan dari jalurnya oleh setiap suara, setiap pilihan, setiap gangguan.
Dia telah mempelajari jalannya.
Tidak hanya secara teori,
tetapi juga dalam praktik.
Dan karena itulah, dia tidak lagi mudah digerakkan.
Anda mungkin mulai merasakannya sekarang.

Di mana:

- kamu tidak mudah terguncang seperti sebelumnya
- Anda tidak mudah teralihkan atau teralihkan perhatiannya.
- Anda lebih konsisten, bahkan ketika keadaan sulit.

Dan ini berbeda dari tahap-tahap sebelumnya.
Karena sebelumnya, gerakanmu seringkali bersifat reaktif.
Sekarang, itu sudah **berakar** .
Dulu, kamu butuh pengingat.
Sekarang, kamu membawa arah dalam dirimu sendiri.
Sebelumnya, Anda sedang mempelajari apa yang harus dilakukan.
Sekarang, Anda menjadi seseorang yang **melakukannya secara konsisten** .
Namun, ada sesuatu yang penting di sini.
Karena stabilitas tidak sama dengan kedatangan.
Anda belum selesai.
Anda belum menyelesaikan perjalanan.
Namun, kamu telah menjadi... **stabil** .
Dan kestabilan itu harus dijaga.
Karena begitu sesuatu menjadi konsisten,
hal itu juga bisa dianggap sebagai sesuatu yang sudah pasti.
Anda mungkin mulai berpikir:
Aku sudah menemukan ritmeku.
Aku tahu cara kerjanya sekarang. Aku tidak perlu terlalu berhati-hati lagi.
Namun, peziarah karya Bunyan tidak menjadi lengah dan ceroboh.
Dia melanjutkan dengan penuh kesadaran.
Karena stabilitas bukanlah sesuatu yang Anda raih lalu lupakan.
Ini adalah sesuatu yang Anda **pelihara** .
Lalu apa yang harus dilakukan seseorang ketika ia telah menemukan ritme yang mantap, ketika jalannya tidak lagi tidak pasti, dan langkahnya tidak lagi goyah?
Dia harus menjaga apa yang telah dibentuk.

Bukan dengan rasa takut.
Tapi dengan perhatian.

Pertanyaan Refleksi

- Di bidang apa saja saya menjadi lebih stabil dan konsisten?
- Di mana saya tidak lagi mudah terguncang atau teralihkan perhatiannya?
- Pola apa saja yang telah terbentuk dalam hidup saya?
- Dari mana saya bisa mulai menganggap stabilitas ini sebagai sesuatu yang sudah pasti?
- Bagaimana saya dapat mempertahankan apa yang telah terbentuk dalam diri saya?

Refleksi Mendalam

Perjalanan ziarah Bunyan tidak hanya dimulai.
Dia menjadi **mantap dalam menjalani hidupnya** .
Anda harus menyadari hal ini:
Stabilitas bukanlah akhir dari pertumbuhan.
Ia adalah fondasi untuk apa yang akan datang selanjutnya.
Tanyakan pada diri Anda:
Apa yang telah menjadi konsisten dalam diri saya
yang sekarang harus dilindungi?
Di sinilah kedewasaan mulai terlihat.

Rencana Aksi (Hanya Hari Ini)

1. Identifikasi satu area di mana Anda telah mencapai kestabilan.
2. Akui itu:
   "Ini sekarang menjadi bagian dari diriku."
3. Perkuatlah secara sengaja hari ini.
   Jangan berasumsi—libatkanlah secara sadar.
4. Singkirkan satu gangguan kecil
   yang mengancam konsistensi ini.

Doa

Tuhan,
aku melihat bahwa Engkau telah membawaku ke tempat yang tenang.
Aku tidak lagi separah dulu.
Aku tidak lagi mudah terpengaruh.
Bantulah aku agar tidak menganggap remeh hal ini.
Bantulah aku untuk menjaga apa yang telah Engkau bentuk dalam diriku.
Berikan saya kesadaran untuk mempertahankan
apa yang telah menjadi konsisten.
Dan teruslah menguatkan aku,
supaya aku tidak menyimpang, melainkan tetap teguh di jalanku.
Amin.

FASE 5 — Ketekunan & Pencapaian (Hari ke-33–40)

Ketahanan, kematangan, penyelesaian, pengoperasian

HARI KE-33 — Kelelahan Akibat Terus Menerus

Ketika Menjaga Konsistensi Terasa Lebih Sulit Daripada Memulai dengan Kuat

"Aku lelah dengan hidupku… namun aku tak berani menyerah."
— *John Bunyan, Grace Abounding*

Ada semacam kelelahan yang muncul akibat perjuangan.
Dan ada jenis lain yang muncul dari **keberlanjutan** .
Aku sudah banyak menderita.
Aku telah melewati berbagai rintangan, konflik, disiplin, dan pembentukan. Aku telah belajar untuk tetap teguh. Aku telah membangun pola. Aku telah menjadi lebih konsisten daripada sebelumnya.
Namun kini, sesuatu yang berbeda mulai muncul.
Bukan perlawanan.
Bukan kebingungan.
Namun **kelelahan** .
Bukan jenis pertanyaan yang membuatmu langsung berhenti.
Tapi jenis pertanyaan yang dengan tenang bertanya:
Sampai kapan aku harus terus seperti ini?
Karena tidak ada lagi yang baru.
Jalannya sudah jelas.
Disiplin ilmunya sudah mapan. Arahnya sudah tidak perlu dipertanyakan lagi.
Namun upaya itu… tetap berlanjut.
Dan di sinilah sesuatu yang lebih dalam diuji.
Karena lebih mudah untuk memulai dengan intensitas daripada melanjutkan dengan daya tahan.
Bunyan berbicara dari tempat ini dengan jujur. Dia tidak menggambarkan seorang pria yang selalu merasa kuat, selalu merasa yakin, selalu merasa bersemangat.

Dia menggambarkan seorang pria yang **terus berjuang meskipun lelah** .
Bukan karena terasa menyenangkan.
Bukan karena menjadi mudah.
Namun karena dia sudah terlalu jauh
untuk berhenti.
Anda mungkin merasakannya sekarang.

Di mana:

- Anda masih melakukan hal yang benar.
- Anda masih berjalan dengan benar
- tetapi Anda merasakan beban pengulangan

Tidak ada hal yang menarik di dalamnya.
Tidak ada urgensi yang mendorong Anda maju.
Hanya... kelanjutan.
Dan kelanjutannya bisa terasa berat.
Karena Anda tidak lagi bereaksi.
Anda sedang mempertahankan.
Dan untuk mempertahankannya dibutuhkan sesuatu yang lebih dalam daripada sekadar motivasi.
Hal itu membutuhkan **ketahanan tanpa imbalan emosional** .
Anda mungkin mulai berpikir:
Mengapa ini terasa begitu melelahkan?
Mengapa ini terasa lebih sulit sekarang daripada sebelumnya?
Bukankah seharusnya ini sudah lebih mudah sekarang?
Namun, ini bukan pertanda bahwa ada sesuatu yang salah.
Ini adalah tanda bahwa sesuatu itu **nyata** .
Karena bagian akhir dari formasi apa pun tidak ditandai dengan intensitas.
Hal ini ditandai dengan **konsistensi dalam kondisi lelah** .
Bunyan tidak menyelesaikan perjalanannya karena ia merasa kuat.
Dia menyelesaikan perlombaan karena dia tidak berhenti ketika merasa lelah.

Lalu apa yang harus dilakukan seseorang, ketika ia tidak lagi berjuang untuk memulai, tetapi berjuang untuk melanjutkan?
Ketika tidak ada yang salah, tetapi semuanya terasa berat?
Dia tidak boleh mencari kekuatan dalam perasaan.
Dia harus berpegang teguh pada **keputusannya** .

Pertanyaan Refleksi

- Di bagian mana saya merasa lelah untuk terus melanjutkan ini sekarang?
- Bagian mana dalam hidupku yang terasa berulang atau melelahkan?
- Di mana saya tergoda untuk memperlambat langkah—bukan karena itu salah, tetapi karena saya lelah?
- Apa yang kuharapkan untuk kurasakan, padahal sekarang aku sudah tidak merasakannya lagi?
- Apakah saya mengandalkan motivasi—atau komitmen?

Refleksi Mendalam

Bunyan tidak menyelesaikan pertandingan dengan intensitas tinggi.
Dia menyelesaikan tugasnya dengan penuh ketahanan.
Anda harus menyadari hal ini:
Rasa lelah bukanlah pertanda untuk berhenti.
Itu adalah ujian terhadap apa yang telah terbentuk.
Tanyakan pada diri Anda:
Akankah saya terus melanjutkan
meskipun saya merasa tidak punya energi untuk melakukannya?
Di sinilah penyelesaian mulai terlihat.

Rencana Aksi (Hanya Hari Ini)

1. Identifikasi satu area di mana Anda merasa lelah.
2. Nyatakan dengan jelas:
   "Saya lelah—tetapi saya akan melanjutkan."

3. Lakukan disiplin yang sama hari ini
   tanpa menunggu sampai merasa siap.
4. Buatlah sesederhana mungkin—tetapi jangan
   melewatkannya.

Doa

Tuhan,
aku merasakan beban untuk terus melanjutkan.
Bukan karena saya bingung,
tetapi karena saya lelah.
Bantulah aku agar tidak berhenti
hanya karena aku merasa lelah.
Berikan aku kekuatan yang melampaui perasaan.
Berikan aku daya tahan yang melampaui motivasi.
Ajari aku untuk terus melanjutkan
bukan karena terasa menyenangkan, tetapi karena itu benar.
Dan bimbinglah aku melewati tempat ini
di mana penyempurnaan sedang dibentuk dalam diriku.
Amin.

HARI KE-34 — Ketika Tak Ada Lagi yang Terasa Baru

Ketika Iman Berlanjut Tanpa Emosi

"Aku terus melanjutkan… meskipun aku hanya mendapat sedikit penghiburan, dan banyak kegelapan."
— *John Bunyan, Grace Abounding*

Ada suatu masa ketika segalanya terasa begitu intens.
Setiap langkah terasa berarti.
Setiap kesadaran terasa tajam. Setiap gerakan membawa bobot dan kesadaran.
Aku memperhatikan semuanya.
Apa yang kutinggalkan.
Apa yang kupelajari. Siapa aku nantinya.
Namun kini, ada sesuatu yang telah berubah.
Bukan dalam hal arahan.
Bukan dalam hal komitmen.
Namun dalam **perasaan** ...
Tidak ada lagi yang terasa baru.
Jalannya sudah familiar.
Disiplinnya sudah mapan. Pilihan-pilihannya tidak lagi sulit seperti dulu.
Namun mereka tidak lagi… hidup seperti yang mereka rasakan sebelumnya.
Dan ini membuatku gelisah.
Karena saya telah mengaitkan gerakan dengan perasaan.
Maju dengan intensitas.
Berkembang dengan kesadaran.
Namun sekarang, saya melanjutkan—tanpa itu.
Dan itu membuatku bertanya-tanya:
Apakah ada yang hilang?
Apakah aku kehilangan sesuatu? Mengapa ini terasa… biasa saja?

Bunyan berbicara dari tempat ini dengan kedalaman yang tenang. Ada masa-masa di mana dia berjalan tanpa kenyamanan, tanpa kejelasan, tanpa rasa kedekatan yang pernah dia rasakan.

Bukan karena dia kehilangan arah.

Tetapi karena dia telah melampaui ketergantungan pada perasaan.

Dan di sinilah banyak orang salah paham tentang perjalanan ini.

Karena ketika emosi memudar,
rasanya seperti ada sesuatu yang salah.

Namun seringkali, tidak ada yang salah.

Sesuatu telah mencapai kematangan.

Anda mungkin merasakannya sekarang.

Di mana:

- kamu tetap konsisten
- masih sejajar
- masih berjalan

Namun tanpa rasa keterlibatan yang sama.

Rasanya rutin.

Dapat diprediksi. Biasa saja.

Dan sebagian dari dirimu bertanya-tanya apakah ini sebuah kemunduran.

Namun kenyataannya tidak demikian.

Di sinilah iman menjadi **terlepas dari emosi** .

Di mana kamu tidak lagi terbawa oleh perasaan,
tetapi ditopang oleh siapa dirimu sebenarnya.

Karena perasaan dapat memulai sebuah perjalanan.

Namun hal itu tidak dapat mempertahankan kondisi tersebut.

Bunyan tidak melanjutkan karena ia merasa nyaman.

Dia melanjutkan karena dia telah menemukan **pegangan** .

Lalu apa yang harus dilakukan seseorang, ketika tidak ada yang terasa baru, tidak ada yang terasa intens, dan tidak ada yang terasa sangat bermakna—tetapi dia masih berada di jalan yang sama?

Dia tidak boleh mengejar perasaan.

Ia harus tetap **setia** .

Pertanyaan Refleksi

- Di bagian mana perjalanan saya terasa rutin atau biasa saja?
- Apa yang kurindukan dari perasaan dulu?
- Di mana saya tergoda untuk menafsirkan kurangnya emosi sebagai kurangnya kemajuan?
- Apakah saya bergantung pada perasaan untuk tetap terlibat?
- Bisakah saya melanjutkan meskipun tidak ada yang terasa baru?

Refleksi Mendalam

Bunyan menjalani hidup melewati berbagai musim tanpa kenyamanan.
Namun dia tidak berhenti.
Anda harus menyadari hal ini:
Ketika emosi mereda,
iman justru semakin diperkuat.
Tanyakan pada diri Anda:
Jika tidak ada yang terasa berbeda,
apakah saya akan tetap melanjutkan?
Di sinilah kedewasaan menjadi nyata.

Rencana Aksi (Hanya Hari Ini)

1. Identifikasi satu area yang terasa rutin.
2. Akui hal ini:
   "Ini tidak perlu terasa baru agar menjadi nyata."
3. Lakukanlah hari ini dengan kesetiaan yang tenang.
4. Jangan mencoba membuat semuanya terasa berbeda.
   Cukup tetap hadir di saat ini.

Doa

Ya Tuhan,
segalanya tidak lagi terasa seperti dulu.
Tidak ada intensitas,
tidak ada kesan pergerakan yang kuat.
Namun, aku masih di sini.
Bantulah aku agar tidak bergantung pada perasaan
untuk tetap setia.
Ajari aku untuk terus maju
bahkan ketika tidak ada yang terasa baru.
Biarlah imanku teguh,
tidak didorong oleh emosi, tetapi berlandaskan pada apa yang
telah Engkau bentuk dalam diriku.
Dan jauhkan aku dari mengejar apa yang pernah kurasakan,
alih-alih tetap berada di tempat di mana aku dipanggil.
Amin.

HARI KE-35 — Menjaga Apa yang Telah Dibangun

Ketika Apa yang Telah Anda Raih Masih Bisa Hilang Secara Diam-diam

"Aku melihat bahwa ia memperhatikan langkahnya dengan saksama... karena ia tahu jalannya sempit, dan bahaya tidak jauh."
—*John Bunyan, The Pilgrim's Progress*

Aku sudah menempuh perjalanan jauh.
Lebih jauh dari yang saya harapkan ketika pertama kali memulai. Apa yang dulunya terasa mustahil kini terasa sudah pasti. Apa yang dulunya membutuhkan usaha kini terasa alami. Apa yang dulunya membingungkan saya kini terasa jelas.
Saya tidak lagi berjuang dengan cara yang sama.
Namun bukan berarti saya terbebas dari bahaya.
Faktanya, sesuatu yang lebih halus mulai muncul.
Bukan perlawanan.
Bukan kebingungan.
Namun, **kecerobohan** .
Tidak dengan cara yang terlihat jelas.
Tidak melalui keputusan terbuka.
Namun dalam perubahan kecil.
Aku menyadari bahwa aku kurang perhatian dibandingkan sebelumnya. Kurang teliti. Kurang menyadari detail-detail yang dulu penting. Hal-hal yang dulu kulatih dengan cermat kini terjadi hampir secara otomatis—dan karena itu, aku tidak lagi menjaganya dengan niat yang sama.
Dan di sinilah sesuatu bisa mulai tergelincir.
Tidak tiba-tiba.
Namun secara bertahap.

Bunyan mengungkapkan bahaya ini dengan tepat. Jalan tidak melebar hanya karena Anda telah berjalan lebih lama. Jalan itu tetap sempit. Jalan itu tetap tepat. Dan bahkan mereka yang telah berjalan jauh pun masih bisa tersesat—jika mereka berhenti memperhatikan.

Karena apa yang dibangun
harus **dijaga** .
Tidak diasumsikan.
Tidak dibiarkan tanpa pengawasan.
Dijaga-jaga.
Anda mungkin sekarang mengenali hal ini.
Di mana:

- Anda dalam keadaan stabil.
- kamu konsisten
- Anda tidak lagi mengalami kesulitan seperti sebelumnya.

Namun, Anda juga kurang waspada.
Anda mulai:

- rilekskan perhatian Anda
- anggap pola Anda akan tetap berlaku
- Percayai konsistensi Anda tanpa perlu memperkuatnya.

Dan di sinilah kompromi-kompromi kecil dimulai.
Tidak disengaja.
Tidak terlihat jelas.
Tapi nyata.
Anda mungkin melewatkan sesuatu yang dulunya Anda pegang teguh. Menunda sesuatu yang dulunya Anda prioritaskan. Mengizinkan hal kecil yang sebelumnya tidak akan Anda izinkan.
Dan karena ukurannya kecil,
terasa tidak berbahaya.
Namun, perubahan kecil yang diulang-ulang
akan menjadi arah.
Peziarah Bunyan tidak menjadi lalai karena ia telah mengalami kemajuan.
Dia menjadi **lebih sadar** .

Karena dia memahami bahwa apa yang telah terbentuk masih bisa melemah jika tidak dipelihara.
Lalu apa yang harus dilakukan seseorang ketika ia telah membangun sesuatu yang nyata—konsistensi, disiplin, kejelasan—tetapi mulai merasa kurang perhatian dibandingkan sebelumnya?
Dia harus kembali sadar.
Bukan karena takut.
Namun, karena **tanggung jawab** .

Pertanyaan Refleksi

- Di bagian mana saya menjadi kurang perhatian dibandingkan sebelumnya?
- Kebiasaan atau disiplin apa yang mulai saya terapkan sebagai pengganti sikap waspada?
- Di mana saya membiarkan kompromi-kompromi kecil masuk secara diam-diam?
- Apa yang selama ini tidak lagi saya perhatikan dengan saksama?
- Seperti apa jadinya jika kita kembali memiliki kesadaran penuh?

Refleksi Mendalam

Peziarah Bunyan tidak tiba-tiba tersesat.
Bahaya selalu terletak pada **pergeseran bertahap** .
Anda harus menyadari hal ini:
Apa yang tidak dijaga
tidak akan tetap kuat.
Tanyakan pada diri Anda:
yang perlu dilindungi dalam hidupku saat ini —bukan sesuatu yang dianggap biasa saja?

Di sinilah kedewasaan berubah menjadi tanggung jawab.

Rencana Aksi (Hanya Hari Ini)

1. Identifikasi satu area di mana Anda menjadi kurang terarah.

2. Kembalilah pada hal itu dengan sengaja hari ini.
   Lakukan seperti yang Anda lakukan di awal.
3. Singkirkan satu kompromi kecil
   yang telah Anda izinkan.
4. Perkuat apa yang ingin Anda pertahankan

Doa

Tuhan,
aku menyadari bahwa aku telah membangun sesuatu—tetapi
aku tidak selalu menjaganya.
Saya menjadi kurang perhatian,
kurang teliti, kurang sadar.
Bantulah aku untuk kembali berhati-hati.
Bantulah aku untuk melindungi apa yang telah Engkau
bentuk dalam diriku.
Beri aku kesadaran untuk memperhatikan perubahan kecil
sebelum perubahan itu menjadi lebih besar.
Dan ajari aku untuk tetap fokus—
bukan hanya di awal, tetapi sepanjang prosesnya.
Amin.

HARI KE-36 — Bahaya Kesombongan yang Terpendam

Ketika Pertumbuhan Menjadi Sesuatu yang Mulai Anda Andalkan

"Aku berpikir dalam hati bahwa aku sekarang sudah menjadi sesuatu… tetapi aku segera menyadari bahwa aku masih harus banyak belajar."
— *John Bunyan, Grace Abounding*

Awalnya saya tidak menyadarinya.
Itu tidak datang dengan keras.
Itu tidak mengumumkan keberadaannya.
Itu datang dengan tenang—hampir tak terlihat.
Pergeseran halus dalam cara saya memandang diri sendiri.
Aku tidak lagi berada di tempatku dulu. Itu sudah jelas. Aku telah tumbuh. Aku telah berubah. Aku menjadi lebih konsisten, lebih stabil, lebih selaras daripada sebelumnya.
Dan perlahan, tanpa menyadarinya, saya mulai mempertimbangkan hal itu.
Tidak dengan cara yang mudah terlihat.
Tidak dengan kata-kata yang akan saya ucapkan dengan lantang.
Namun dalam hal postur.
Dalam cara saya memikirkan diri sendiri.
Dalam cara saya mengukur posisi saya.
Ada perasaan tenang yang meliputi:
Aku tidak seperti dulu lagi.
Aku baik-baik saja. Aku telah mencapai banyak kemajuan.
Dan meskipun itu tidak sepenuhnya salah…
Hal itu mulai mengubah sesuatu dalam diriku.
Karena fokusku bergeser—secara halus—dari apa yang membentukku,
ke apa yang telah **menjadi diriku** .

Bunyan menulis tentang bahaya ini dengan kesadaran yang mendalam. Bahkan ketika ia tumbuh dewasa, bahkan ketika ia semakin matang, ia melihat betapa cepatnya hati dapat mulai merasa tenang dengan kemajuannya sendiri—menemukan keyakinan yang tenang bukan pada Tuhan, tetapi pada apa yang telah dicapai.

Dan di sinilah sesuatu yang sensitif harus dijaga.

Karena pertumbuhan, jika tidak dikelola dengan hati-hati, dapat menjadi sesuatu yang mulai Anda **andalkan** .

Anda mungkin merasakannya sekarang.

Di mana:

- Anda menyadari kemajuan Anda
- Anda lihat seberapa jauh Anda telah melangkah
- Anda tidak lagi berjuang dengan cara yang sama.

Dan dengan itu muncullah perubahan yang tenang:

Anda mulai lebih mempercayai diri sendiri.

Bukan dengan cara yang sehat dan mendasar.

Tetapi dengan cara yang perlahan menggantikan ketergantungan.

Anda menjadi kurang waspada.

Kurang menyadari kebutuhan Anda. Kurang memperhatikan apa yang menopang Anda.

Dan beginilah kebanggaan terbentuk di sini.

Bukan sebagai kesombongan.

Bukan sebagai perbandingan.

Namun sebagai **kemandirian yang halus** .

Anda tidak lagi mengatakan, "Saya butuh bantuan."

Anda mulai hidup seolah-olah Anda **cukup mampu mengurus diri sendiri** .

Bunyan tidak mengabaikan hal ini.

Dia menghadapinya.

Karena dia memahami bahwa bahaya terbesar pada tahap ini bukanlah kegagalan.

Itu berarti melupakan **apa yang telah membawanya maju** .

Lalu apa yang harus dilakukan seseorang ketika ia mulai bertumbuh—dan pertumbuhan itu mulai secara perlahan membentuk cara pandangnya terhadap dirinya sendiri? Ketika kemajuan menjadi sesuatu yang mulai diandalkannya, bukan lagi sesuatu yang terus disadarinya?

Dia harus kembali kepada kerendahan hati.

Bukan dengan menolak pertumbuhan.

Namun dengan mengingat **sumbernya** .

Pertanyaan Refleksi

- Di mana saya mulai merasa percaya diri alih-alih menyadari kebutuhan saya?
- Kemajuan apa saja yang sudah mulai saya ambil alih secara internal?
- Di bagian mana saya menjadi kurang bergantung dibandingkan sebelumnya?
- Apa yang sebenarnya saya percayai secara halus—diri saya sendiri, atau apa yang membentuk saya?
- Di mana saya perlu kembali kepada kerendahan hati?

Refleksi Mendalam

Bunyan tidak menyangkal bahwa ia telah tumbuh dewasa.

Namun, ia menolak membiarkan pertumbuhan menjadi landasannya.

Anda harus menyadari hal ini:

Pertumbuhan itu nyata.

Tetapi pertumbuhan itu bukan hasil dari usaha sendiri.

Tanyakan pada diri Anda:

Apa yang mulai saya andalkan—

diri saya sendiri, atau apa yang menopang saya?

Di sinilah kerendahan hati melestarikan apa yang dapat dilemahkan secara diam-diam oleh kesombongan.

Rencana Aksi (Hanya Hari Ini)

1. Identifikasi satu bidang di mana Anda merasa percaya diri.
2. Sampaikan dengan jelas:
   "Ini terbentuk di dalam diri-Ku—bukan sesuatu yang berkelanjutan dengan sendirinya."

3. Kembalilah pada sikap ketergantungan hari ini di area spesifik tersebut .
4. Lakukan satu tindakan dengan tenang—tanpa kesadaran internal.

Doa

Tuhan,
aku menyadari bahwa aku telah bertumbuh.
Namun saya juga menyadari betapa mudahnya saya mulai bergantung pada pertumbuhan itu.
Jauhkan aku dari kesombongan yang terselubung.
Jauhkan aku dari kemandirian yang tenang.
Bantulah aku untuk mengingat
bahwa apa yang telah terbentuk dalam diriku bukanlah hasil karyaku sendiri.
Kembalikan aku kepada kerendahan hati—
bukan dengan menyangkal apa yang telah berubah, tetapi dengan mengingat apa yang mempertahankannya.
Dan jagalah hatiku tetap teguh
agar aku tidak kehilangan apa yang telah Engkau bangun.
Amin.

HARI KE-37 — Menyelesaikan dengan Baik, Bukan Hanya Memulai dengan Benar

Ketika Akhir Membutuhkan Niat yang Lebih Besar daripada Awalnya

"Aku melihat banyak yang memulai dengan baik, tetapi hanya sedikit yang melanjutkan hingga akhir dengan kesungguhan yang sama."
— *John Bunyan, The Pilgrim's Progress (tema)*

Aku ingat bagaimana aku memulai.
Ada rasa urgensi.
Kejelasan. Kesadaran yang tajam bahwa sesuatu harus berubah.
Aku bergerak cepat.
Dengan tegas. Tanpa ragu-ragu.
Dan di hari-hari awal itu, terasa jelas apa yang saya lakukan.
Tapi sekarang, saya sudah hampir sampai di akhir.
Dan saya melihat sesuatu yang tidak saya pahami di awal.
Memulai bukanlah bagian yang paling sulit.
Penyelesaiannya adalah.
Karena memulai sesuatu sering kali didorong oleh rasa urgensi.
Sesuatu mengganggu Anda.
Sesuatu membangkitkan Anda. Sesuatu mendorong Anda maju.
Tapi penyelesaiannya?
Penyelesaian tidak didorong oleh urgensi.
Hal itu didukung oleh **niat** .
Bunyan sangat memahami hal ini. Dia melihat banyak orang yang memulai perjalanan dengan keyakinan—yang melihat dengan jelas, merespons dengan cepat, dan bergerak maju dengan penuh semangat.

Namun tidak semuanya menyelesaikan studi.
Bukan karena mereka tidak mampu.
Namun karena mereka tidak lagi memiliki **niat yang sama di akhir** seperti di awal.
Dan di sinilah letak perbedaannya.
Bukan dari bagaimana Anda memulainya.
Namun, bagaimana Anda terus maju ketika tidak ada lagi yang mendorong Anda.
Anda mungkin merasakannya sekarang.
Di mana:

- Anda hampir selesai
- kamu sudah melangkah jauh
- kamu tahu apa yang harus dilakukan

Namun, ketajaman di awal telah mereda.
Rasa urgensi telah hilang.
Intensitasnya telah mereda.
Dan karena itulah, muncul godaan yang halus:
Untuk meredakan ketegangan.
Bukan untuk berhenti sepenuhnya.
Tetapi untuk menjadi kurang presisi. Kurang disengaja.
Kurang fokus.
Untuk berasumsi:
Aku sudah sampai sejauh ini.
Aku akan sampai di sana.
Namun, tahap akhir membutuhkan sesuatu yang spesifik.
Tidak perlu usaha lebih.
Namun, perlu lebih banyak **perhatian** .
Karena kesalahan kecil di sini lebih berpengaruh daripada sebelumnya.
Bukan karena kamu lemah.
Tapi karena kamu dekat.
Peziarah Bunyan tidak bersantai di akhir perjalanan.
Dia menjadi lebih sadar.
Lebih teliti.
Lebih hati-hati.

Karena dia memahami bahwa menyelesaikan sesuatu membutuhkan **perhatian yang sama seperti memulainya—bahkan mungkin lebih** .

Lalu apa yang harus dilakukan seseorang, ketika ia telah menempuh perjalanan jauh, ketika ia hampir mencapai kesempurnaan, tetapi merasakan tarikan halus untuk mengendurkan perhatiannya?

Dia harus mengasah kembali kemampuannya.

Bukan dalam hal intensitas.

Namun dalam **hal ketepatan** .

Pertanyaan Refleksi

- Dari mana saya mulai mengendurkan perhatian saya karena saya sudah hampir sampai di akhir?
- Apa yang terasa "aman" yang mungkin saya anggap akan membantu saya melewati masa sulit ini?
- Di bagian mana saya perlu lebih fokus dan terarah lagi?
- Apakah saya menyelesaikan pekerjaan ini dengan tingkat kehati-hatian yang sama seperti saat saya memulainya?
- Seperti apa jadinya jika kita mengakhiri dengan baik—bukan hanya sekadar sampai di tujuan?

Refleksi Mendalam

Bunyan melihat banyak orang memulai.

Namun tidak semuanya diselesaikan dengan tingkat ketelitian yang sama.

Anda harus menyadari hal ini:

Akhir perjalanan

membutuhkan niat yang sama besarnya dengan permulaannya.

Tanyakan pada diri Anda:

Apakah saya berasumsi saya akan menyelesaikannya—

atau memilih untuk menyelesaikannya dengan baik?

Di sinilah penyelesaian menjadi disengaja.

Rencana Aksi (Hanya Hari Ini)

1. Identifikasi satu area di mana perhatian Anda telah berkurang.
2. Libatkan kembali secara sengaja hari ini.
3. Lakukan dengan hati-hati dan teliti, bukan secara sembarangan.
4. Jalani hari ini seolah-olah hari ini adalah yang terpenting.

Doa

Tuhan,
aku telah menempuh perjalanan jauh, tetapi aku tidak ingin mengakhirinya dengan sembarangan.
Bantulah saya untuk tetap fokus
bahkan pada tahap ini.
Pertajam perhatianku.
Fokuskan kembali langkahku.
Janganlah aku berasumsi tentang akhirnya—
tetapi pilihlah dengan hati-hati.
Dan berilah aku kedisiplinan
untuk menyelesaikan dengan baik, bukan hanya untuk sampai di tujuan.
Amin.

HARI KE-38 — Realitas Perspektif Abadi

Ketika Akhir Menjadi Lebih Nyata Daripada Masa Kini

"Aku melihat kota itu bersinar di hadapannya… dan kemuliaannya menarik hatinya ke depan."
— *John Bunyan, The Pilgrim's Progress*

Sesuatu mulai bergeser lagi.
Bukan dalam langkahku.
Bukan dalam disiplinku.
Namun, itulah yang saya **cari** .
Untuk waktu yang lama, perjalanan itu selalu tentang apa yang saya tinggalkan…
lalu apa yang saya hadapi… lalu apa yang akan saya menjadi.
Namun kini, sesuatu yang lain mulai menguasai keadaan.
Akhir zaman sudah tidak lagi jauh.
Ini mulai menjadi… nyata.
Bukan imajinasi.
Bukan simbolis.
Namun **hadir dalam kesadaran saya** .
Saya tidak bisa melihatnya secara keseluruhan.
Tapi aku bisa merasakannya.
Dan itu mengubah cara saya berjalan.
Karena ketika akhir menjadi nyata,
masa kini bukan lagi segalanya.
Bunyan menangkap momen ini dengan kekuatan yang tenang.
Sang peziarah mulai melihat Kota Surgawi—tidak sepenuhnya, tidak jelas, tetapi cukup untuk membuatnya tertarik.
Hal itu mengubah fokusnya.
Dia tidak lagi berjalan hanya untuk melanjutkan perjalanan.

Dia berjalan karena dia tahu
ke mana dia akan pergi .
Dan ini mengubah segalanya.
Anda mungkin mulai merasakannya sekarang.
Di mana:

- Perspektifmu sedang berubah
- Apa yang dulunya terasa penting kini terasa lebih kecil.
- Apa yang dulunya menarik perhatian Anda, kini tidak lagi memiliki bobot yang sama.

Bukan karena hal-hal itu menghilang.
Namun karena sesuatu yang lebih besar telah terlihat.
Anda mulai mengukur dengan cara yang berbeda.
Bukan berdasarkan apa yang langsung terlihat.
Bukan berdasarkan apa yang tampak.
Namun, yang terpenting adalah apa yang **abadi** .
Dan ini menciptakan jenis kejelasan yang berbeda.
Karena banyak hal yang dulunya penting
kini tidak lagi memiliki nilai yang sama.
Dan banyak hal yang dulunya terasa jauh
kini terasa sentral.
Peziarah karya Bunyan tidak menjadi ceroboh ketika ia melihat akhir hayatnya.
Dia menjadi lebih fokus.
Karena semakin dekat dia,
semakin jelas apa yang benar-benar penting.
Lalu apa yang harus dilakukan seseorang ketika perspektifnya mulai berubah, ketika akhir menjadi lebih nyata daripada masa kini, dan apa yang dulu mendefinisikannya mulai kehilangan arti pentingnya?
Dia harus menyelaraskan dirinya dengan apa yang abadi.
Tidak sebagian.
Tidak sesekali.
Namun sepenuhnya.

Pertanyaan Refleksi

- Apa yang mulai terasa kurang penting bagi saya akhir-akhir ini?
- Apa yang semakin menjadi pusat perhatian dalam cara saya berpikir dan menjalani hidup?
- Di mana fokus saya masih terikat pada hal-hal yang bersifat sementara?
- Seperti apa rasanya hidup dengan akhir yang selalu ada di depan mata?
- Apakah aku menyelaraskan hidupku dengan apa yang akan bertahan lama?

Refleksi Mendalam

Peziarah dalam kisah Bunyan tertarik
oleh apa yang mulai dilihatnya.
Anda harus menyadari hal ini:
Ketika akhir menjadi kenyataan,
segala sesuatu yang lain dievaluasi ulang.
Tanyakan pada diri Anda:
Untuk apa aku hidup sekarang—
apa yang bersifat langsung, atau apa yang bersifat kekal?
Di sinilah perspektif menjadi keselarasan.

Rencana Aksi (Hanya Hari Ini)

1. Identifikasi satu hal yang Anda pegang teguh yang bersifat sementara.
2. Evaluasilah kembali dengan jujur.
3. Alihkan perhatian Anda hari ini ke sesuatu yang abadi.
4. Ambil satu keputusan hari ini berdasarkan perspektif kekal.

Doa

Tuhan,
bantulah aku untuk melihat melampaui apa yang ada di depan mata.

Bantulah saya untuk mengenali apa yang benar-benar penting.
Mengubah perspektif saya
dari hal-hal yang sementara menjadi hal-hal yang abadi.
Arahkan hatiku ke depan—
bukan dengan tekanan, tetapi dengan kejelasan.
Dan menyelaraskan hidupku
dengan apa yang akan tetap ada ketika segala sesuatu yang lain memudar.
Amin.

HARI KE-39 — Akhir Bukanlah Akhir

Ketika Penyelesaian Menjadi Transisi

"Dan aku melihat dalam mimpiku, bahwa kedua orang ini masuk melalui gerbang... dan, lihatlah, ketika mereka masuk, mereka berubah rupa, dan mengenakan pakaian yang bersinar seperti emas."
— *John Bunyan, The Pilgrim's Progress*

Saya kira perjalanan akan berakhir saat tiba di tujuan.
Akan ada momen yang jelas—sebuah persimpangan, sebuah penyelesaian, sebuah langkah terakhir di mana segala sesuatu yang telah dipikul, ditanggung, dan dibangun akan berakhir.
Dan dalam satu hal, itu benar.
Ada kedatangan.
Ada sebuah penyeberangan.
Ada momen di mana apa yang dikejar menjadi kenyataan.
Namun Bunyan menunjukkan sesuatu yang lebih dalam.
Akhir bukanlah sekadar kesimpulan.
Ini adalah sebuah **transisi** .
Karena apa yang telah selesai
tidak akan hilang.
Terungkap.
Perjalanan yang telah kulalui—keputusan yang kubuat, pola yang kubangun, dan pribadi seperti apa aku sekarang—tidak berakhir di gerbang ini.
Hal itu **berlanjut** .
Tidak dalam bentuk yang sama.
Tidak dalam perjuangan yang sama.
Namun dalam ekspresi penuhnya.
Bunyan menggambarkan peziarah yang memasuki tempat itu, bukan sebagai seseorang yang telah lolos dari perjalanan, tetapi sebagai seseorang yang telah **diubah melalui perjalanan tersebut** .

Apa yang tersembunyi menjadi terlihat.
Apa yang terbentuk secara diam-diam menjadi nyata. Apa yang dipraktikkan dalam ketidakjelasan menjadi terwujud sepenuhnya.
Dan ini mengubah segalanya.
Karena perjalanan itu bukan hanya tentang mencapai tujuan akhir.
Ini tentang menjadi seseorang
yang bisa **masuk dengan benar** .
Anda mungkin mulai merasakannya sekarang.
Di mana:

- Anda hampir selesai
- Anda tidak lagi berjuang dengan cara yang sama.
- Anda bisa melihat bahwa sesuatu benar-benar telah berubah.

Namun, ada sebuah kesadaran:
Ini bukan hanya tentang menyelesaikan.
Ini tentang **apa yang telah saya capai setelah menyelesaikan ini** .
Karena akhir tidak menghapus perjalanan.
Ini menegaskannya.
Setiap keputusan penting.
Setiap langkah membentuk sesuatu. Setiap momen ketahanan membentuk sesuatu yang kini **tetap ada** .
Dan ini membawa kejelasan yang berbeda.
Karena Anda mulai melihat:
Tidak ada yang terbuang sia-sia.
Tidak ada yang terjadi secara acak. Tidak ada yang tanpa tujuan.
Bahkan bagian yang sulit.
Bahkan bagian yang lambat. Bahkan bagian yang tak terlihat.
Semua itu berkontribusi
pada apa yang ada sekarang.
Lalu apa yang harus dilakukan seseorang ketika menyadari bahwa akhir bukanlah sekadar titik berhenti, melainkan pengungkapan dari apa yang telah terbentuk? Ketika penyelesaian bukanlah pelarian, melainkan transisi?

Dia harus memahami ini:
Dia tidak hanya datang.
Dia **mulai terlihat** .

Pertanyaan Refleksi

- Apa yang telah terbentuk dalam diriku melalui perjalanan ini?
- Bagian mana dari hidupku sekarang yang mencerminkan sesuatu yang lebih dalam dan lebih stabil?
- Di mana saya bisa melihat bahwa tidak ada yang terbuang sia-sia?
- Apa yang saya bawa sekarang yang sebelumnya tidak saya miliki?
- Apakah saya memandang akhir sebagai pelarian—atau sebagai pemenuhan?

Refleksi Mendalam

Bunyan tidak menggambarkan akhir itu sebagai lenyap.
Dia menggambarkannya sebagai **transformasi yang terungkap** .
Anda harus menyadari hal ini:
Akhir perjalanan
mengungkapkan apa yang dihasilkan dari perjalanan tersebut.
Tanyakan pada diri Anda:
Apa yang kini terungkap dalam diriku
, yang selama ini telah terbentuk?
Di sinilah penyelesaian berubah menjadi kejelasan.

Rencana Aksi (Hanya Hari Ini)

1. Renungkan seluruh perjalanan.
   Identifikasi 3 hal yang telah terbentuk dalam diri Anda.

2. Tuliskan dengan jelas.
   Jangan meremehkannya.
3. Akui:
   "Inilah hasil yang telah perjalanan ini berikan dalam diri saya."
4. Terapkan kesadaran ini dalam cara Anda berjalan hari ini.

Doa

Tuhan,
sekarang aku mengerti bahwa perjalanan ini bukan hanya tentang mencapai tujuan akhir.
Ini tentang apa yang Engkau bentuk dalam diriku
selama perjalanan itu.
Bantulah aku untuk mengenali apa yang telah dibangun.
Bantulah aku untuk melihat bahwa tidak ada yang terbuang sia-sia.
Berikan aku kejelasan untuk memahami
apa yang sekarang kubawa karena aku telah melanjutkannya.
Dan persiapkan saya bukan hanya untuk tiba,
tetapi untuk sepenuhnya memasuki apa yang telah dihasilkan perjalanan ini dalam diri saya.
Amin.

HARI KE-40 — Menjadi Pesan Itu Sendiri

Ketika Hidupmu Mengungkapkan Apa yang Dulu Hanya Kamu Baca

"Kemudian aku melihat dalam mimpiku, bahwa para peziarah ini, setelah memasuki gerbang, diterima... dan hidup mereka menjadi kesaksian tentang jalan yang telah mereka tempuh."
— *John Bunyan, The Pilgrim's Progress (tema)*

Saya memulai perjalanan ini sebagai seseorang yang mencoba memahami.
Berusaha merespons.
Berusaha berubah. Berusaha bergerak dari tempatku berada ke tempat yang kuyakini seharusnya kutuju.
Dan di sepanjang perjalanan, saya membaca.
Saya mendengarkan. Saya merenung.
Saya mengikuti jalan yang sudah ditentukan.
Namun kini, ada sesuatu yang telah berubah.
Saya tidak lagi hanya membaca perjalanannya.
Saya sudah pernah **berjalan di sana** .
Tidak sempurna.
Tidak sepenuhnya.
Tapi sungguh.
Ada hal-hal yang sekarang saya pahami
yang sebelumnya tidak saya pahami.
Bukan karena penjelasannya lebih baik.
Namun karena mereka telah **hidup** .
Bunyan tidak menulis The Pilgrim's Progress sebagai cerita yang patut dikagumi.
Dia menulisnya sebagai sebuah jalan yang harus dilalui.
Dan mereka yang menempuh jalan itu tidak akan tetap sama.
Mereka tidak sekadar memperoleh pengetahuan.

Mereka menjadi… **bukti** .
Ini adalah giliran kerja terakhir.
Bukan dari ketidaktahuan menuju pemahaman.
Bukan dari perjuangan menuju kestabilan.
Namun dari **menerima**
hingga **mewujudkan** .
Karena perjalanan itu memang tidak pernah dimaksudkan untuk tetap berada di dalam halaman.
Itu memang ditakdirkan untuk menjadi bagian dari sebuah kehidupan.
Anda mungkin bisa merasakannya sekarang.
Di mana:

- Anda tidak lagi menganggap ini sebagai informasi.
- Anda tidak lagi mengamati dari kejauhan.
- Anda menyadari bahwa sesuatu telah berakar di dalam diri Anda.

Dan ini mengubah peran Anda.
Anda bukan lagi sekadar pembaca.
Anda sedang menjadi **saksi** .
Bukan pada apa yang Anda katakan.
Namun, dalam cara Anda menjalani hidup.
Karena apa yang telah terbentuk di dalam dirimu
akan terlihat melalui dirimu.
Dalam keputusanmu.
Dalam pola pikirmu. Dalam responsmu.
Dalam apa yang terus Anda pilih—
bahkan setelah perjalanan ini berakhir.
Peziarah Bunyan tidak menghilang pada akhirnya.
Dia menjadi bagian dari realitas yang lebih besar.
Kehidupan yang mencerminkan apa yang telah dilalui.
Dan di sinilah perjalanan itu berakhir.
Tidak, setelah halaman terakhir dibaca.
Namun, ketika kehidupan terus berlanjut
selaras dengan apa yang telah terbentuk.
Lalu apa yang harus dilakukan seseorang ketika ia menyadari bahwa ia tidak lagi hanya mengikuti sebuah pesan—tetapi telah bertanggung jawab untuk menyampaikannya?

Dia harus menjalaninya.
Tidak sesekali.
Tidak saat terasa nyaman.
Namun secara konsisten.
Karena sekarang, pesan tersebut tidak lagi bersifat eksternal.
Itu ada **di dalam dirinya** .

Pertanyaan Refleksi

- Apa yang benar-benar berubah dalam diri saya melalui perjalanan ini?
- Di manakah kehidupan saya sekarang yang mencerminkan sesuatu yang lebih dalam daripada sebelumnya?
- Apa yang sekarang saya bawa yang tidak saya bawa di awal?
- Ke mana aku harus melanjutkan—bukan karena aku sedang membaca, tetapi karena aku telah menjadi?
- Jika seseorang mengamati hidupku, apa yang akan mereka baca?

Refleksi Mendalam

Bunyan menulis sebuah cerita.
Namun, ia menjalani kehidupan yang nyata.
Dan mereka yang menempuh jalannya
melakukan hal yang sama.
Anda harus menyadari hal ini:
Perjalanan belum berakhir di sini.
Hal itu terus berlanjut melalui dirimu.
Tanyakan pada diri Anda:
Apa yang kini ingin disampaikan oleh hidupku
yang sebelumnya tidak bisa diungkapkan?
Di sinilah pesan tersebut menjadi terlihat.

Rencana Aksi (Melampaui Hari Ini)

1. Identifikasi satu pola yang akan Anda terapkan terus-menerus.
   Bukan sementara, tetapi selamanya.

2. Nyatakan dengan jelas,
   "Ini sekarang menjadi bagian dari cara saya menjalani hidup."
3. Pilih satu area dalam hidup Anda
   di mana perjalanan ini harus tetap terlihat.
4. Mulailah menjalaninya—tanpa memerlukan struktur selain keputusan Anda sendiri.

Doa

Tuhan,
aku tidak menempuh perjalanan ini untuk tetap sama.
Sekarang aku menyadari bahwa sesuatu telah terbentuk dalam diriku.
Tidak sempurna.
Tidak sepenuhnya.
Tapi sungguh.
Bantulah aku untuk menghayati apa yang telah kupelajari.
Bantulah aku untuk menjalankan apa yang telah diberikan kepadaku.
Biarlah hidupku mencerminkan apa yang telah dibangun—
bukan dalam kata-kata, tetapi dalam bagaimana aku melanjutkannya.
Dan jadikanlah aku saksi hidup
akan apa yang dapat Engkau lakukan dalam hidup yang tidak akan pernah berbalik.
Amin.

KESIMPULAN — Jalan yang Berlanjut Melalui Dirimu

Ketika Perjalanan Menjadi Gaya Hidup

Ada perjalanan yang dimulai dan berakhir di dalam halaman-halaman buku.
Dan ada perjalanan yang dimulai dari halaman-halaman buku tetapi menolak untuk tetap berada di sana.
Ini adalah yang terakhir.
Anda tidak berjalan selama empat puluh hari ini untuk menyelesaikan rencana membaca.
Anda membimbing mereka untuk menghadapi sesuatu yang nyata—
untuk melihat dengan jelas, untuk menanggapi dengan jujur, untuk bertahan dengan penuh kesungguhan, dan untuk dibentuk secara bertahap.
Pada awalnya, jalurnya bersifat eksternal.
Anda sedang mengamati.
Mempertimbangkan. Menimbang apa yang sedang disajikan.
Namun, di suatu titik dalam perjalanan itu, jarak tersebut menyempit.
Beban itu menjadi beban pribadi.
Keputusan menjadi tanggung jawabmu. Gerakan itu bukan lagi sekadar teori.
Anda tidak lagi membaca tentang seorang peziarah.
Anda sedang berjalan.
John Bunyan tidak menulis *The Pilgrim's Progress* untuk menghibur imajinasi.
Dia menulisnya untuk mengungkap jiwa.
Untuk mengungkapkan bahwa perjalanan menuju kebenaran bukanlah sesuatu yang abstrak—melainkan sesuatu yang dijalani, ditentang, ditunda, dirangkul, dan pada akhirnya dijalani oleh mereka yang memilih untuk tidak berbalik.
Dan sekarang, Anda berdiri di ujung dari apa yang telah tertulis.

Namun bukan di akhir dari apa yang telah dimulai.
Karena apa yang telah terbentuk dalam dirimu tidak berakhir di sini.
Ini berlanjut.
Diam-diam. Konsisten.
Dengan sengaja.
Bukan pada momen-momen dramatis,
tetapi pada pilihan-pilihan sehari-hari.
Bukan dalam pernyataan yang terlihat,
tetapi dalam pola yang berkelanjutan.
Anda akan kembali ke kehidupan normal.
Ke tempat-tempat yang familiar.
Tanggung jawab yang familiar. Tekanan yang familiar.
Namun, kamu tidak akan kembali seperti semula.
Karena ada sesuatu yang telah berubah.
Kini Anda melihat apa yang sebelumnya Anda abaikan.
Kini Anda mengenali apa yang sebelumnya Anda remehkan.
Kini Anda menanggapi apa yang sebelumnya Anda tunda.
Dan di sinilah perjalanan sesungguhnya terbukti.
Bukan dalam penyelesaian,
tetapi dalam kelanjutan.
Peziarah Bunyan sampai di gerbang.
Namun makna perjalanannya tidak hanya ditemukan pada saat kedatangannya.
Hal itu ditemukan dari **cara dia berjalan untuk sampai ke sana** .
Dan sekarang, pertanyaan yang sama ada pada Anda:
Bagaimana kamu akan berjalan—sekarang setelah kamu tahu jalannya?
Karena jalan sempit itu tidak menghilang saat buku ditutup.
Itu tetap ada.
Dalam keputusanmu.
Dalam disiplinmu. Dalam arahmu.
Akan tetap ada gangguan.
Suara-suara itu akan tetap terdengar.
Akan tetap ada saat-saat di mana pola-pola lama mencoba kembali secara diam-diam.

Namun, Anda sudah tidak lagi tidak menyadarinya.
Dan kesadaran membawa tanggung jawab.
Anda telah melihat bebannya.
Anda telah merasakan ketegangannya. Anda telah mempraktikkan disiplinnya. Anda telah menjalani prosesnya.
Sekarang Anda harus **melanjutkan** .
Bukan karena Anda sedang dipandu melalui halaman-halaman.
Namun karena jalan itu telah tertulis dalam dirimu.
Jadi, kata terakhir bukanlah instruksi.
Ini adalah pengakuan.
Anda bukan lagi sekadar pembaca perjalanan ini.
Sekarang Anda adalah **pembawa penyakit tersebut** .
Bacalah perlahan.
Berjalanlah dengan hati-hati. Lanjutkan dengan penuh pertimbangan.
Dunia masih menyaksikan.
Dan hidupmu—baik disengaja maupun tidak—
tetap sedang dibaca.

AJAKAN UNTUK BERTINDAK

Kemitraan untuk Panen

Saat Anda menutup buku ini, kami mengajak Anda untuk melanjutkan perjalanan selangkah lebih jauh—tidak hanya dalam hidup Anda sendiri, tetapi juga dalam kehidupan banyak jiwa di seluruh dunia.
Jika pesan-pesan dari God's Eagle Ministries (GEM) telah menguatkan, membangkitkan, atau menyelaraskan kembali hati Anda, kami dengan rendah hati meminta Anda untuk mempertimbangkan dengan penuh doa untuk **bermitra dengan kami demi panen jiwa** . Dunia haus akan kebenaran, harapan, dan suara Roh Kudus yang lembut namun tak salah lagi, dan bersama-sama kita dapat menyampaikan pesan-pesan ini di tempat yang paling membutuhkannya.
Kami percaya media lebih dari sekadar teknologi—media adalah **jaring spiritual** yang ditebar jauh ke dalam bangsa, desa, kota, dan tempat-tempat tersembunyi. Melalui film, video, radio, dan pelayanan digital, GEM menjangkau orang-orang yang mungkin tidak pernah masuk gereja, tetapi hati mereka terbuka lebar untuk bertemu dengan Kristus yang hidup.

Kemitraan Anda membantu kami:

1. Menghasilkan Konten Film & Video yang Dipenuhi Roh Kudus
Kisah dan ajaran yang menyembuhkan, menginspirasi, dan mengungkapkan kasih Yesus dengan cara yang jelas, mudah dipahami, dan mengubah hidup.

2. Siarkan Injil melalui Radio
Menyampaikan Firman Tuhan ke penjara, rumah sakit, komunitas pedesaan, dan tempat-tempat yang jauh dari

jangkauan internet—di mana harapan langka dan kebenaran sangat berharga.

3. Memperluas Kampanye Pengajaran & Pemuridan Kita Melalui Media Sosial
Renungan harian, doa, dan pengajaran yang memperkuat orang percaya, memulihkan keluarga, dan memperlengkapi murid-murid di seluruh dunia.

Mengapa Dukungan Anda Penting

Setiap pesan yang disampaikan menjadi benih terang. Setiap pengajaran menjadi riak transformasi. Setiap tindakan kemurahan hati menjadi bagian dari panen global Tuhan. Pemberian Anda membantu pelayanan ini menjangkau jiwa-jiwa yang mungkin tidak pernah kita temui di bumi, tetapi pasti akan kita temui di kekekalan. Tidak ada jumlah tetap—berikanlah hanya sesuai dengan tuntunan Tuhan. Setiap pemberian, besar atau kecil, berperan dalam memajukan Kerajaan Allah.

Untuk Bermitra atau Memberi Sumbangan:
PayPal:
https://www.paypal.com/ncp/payment/D6NEFW56KG8LU
Tithe.ly:
https://tithe.ly/give?c=308311

Flutterwave –
https://flutterwave.com/donate/bbkpkokehxlw

Semua Jalur Pemberian Donasi:
https://www.otakada.org/partnership-giving
Terima kasih atas dukungan Anda.
Terima kasih telah menabur benih dalam panen. Terima kasih

telah membantu kami menyampaikan pesan Kristus kepada bangsa-bangsa.
Semoga Tuhan memberkati Anda dengan limpah, melimpahkan berkat kepada Anda dengan berlimpah-limpah, dan melipatgandakan setiap benih yang Anda tabur untuk kemuliaan-Nya.
Dalam nama Yesus yang perkasa, Amin.

—Duta Besar Monday O. Ogbe, Zacharias Godseagle; Comfort Ladi Ogbe
Pendiri, God's Eagle Ministries (GEM)
www.otakada.org

Bagaimana Dilahirkan Kembali dan Memulai Hidup Baru Bersama Kristus

Mungkin Anda pernah berjalan bersama Yesus sebelumnya, atau mungkin Anda baru saja bertemu dengan-Nya melalui 40 hari ini. Tetapi saat ini, sesuatu di dalam diri Anda sedang bergejolak.
Kamu siap untuk lebih dari sekadar agama.
Kamu siap untuk **menjalin hubungan** .
Kamu siap untuk berkata, "Yesus, aku membutuhkan-Mu."
Inilah kebenarannya:
"Karena semua orang telah berdosa; kita semua tidak mencapai standar kemuliaan Allah… namun Allah, dalam kasih karunia-Nya, dengan cuma-cuma mendamaikan kita di hadapan-Nya."
— Roma 3:23-24 (NLT)
Anda tidak bisa mendapatkan keselamatan.
Anda tidak bisa memperbaiki diri sendiri. Tetapi Yesus telah membayar harga yang sepenuhnya — dan Dia menunggu untuk menyambut Anda pulang.

Momen Keselamatanku

Tanggal : ________________________

Tanda tangan : ____________________

"Barangsiapa berada di dalam Kristus, ia adalah ciptaan baru; yang lama telah berlalu, yang baru telah datang!"

— 2 Korintus 5:17

Sertifikat Kehidupan Baru di dalam Kristus

Pernyataan Keselamatan – Lahir Kembali oleh Anugerah
Ini menyatakan bahwa

____

(Nama Lengkap)
telah menyatakan **imannya secara terbuka kepada Yesus Kristus**
sebagai Tuhan dan Juruselamat dan telah menerima karunia keselamatan cuma-cuma melalui kematian dan kebangkitan-Nya.
"Jika kamu mengaku secara terang-terangan bahwa Yesus adalah Tuhan dan percaya dalam hatimu bahwa Allah telah membangkitkan Dia dari antara orang mati, maka kamu akan diselamatkan."
— Roma 10:9 (NLT)

Pada hari ini, surga bersukacita dan sebuah perjalanan baru dimulai.
Tanggal Keputusan : __________________________

Tanda tangan : __________________________________

Pernyataan Keselamatan
"Hari ini, aku menyerahkan hidupku kepada Yesus Kristus. Aku percaya Dia mati untuk dosa-dosaku dan bangkit kembali. Aku menerima Dia sebagai Tuhan dan Juruselamatku. Aku diampuni, dilahirkan kembali, dan dijadikan baru. Mulai saat ini, aku akan berjalan mengikuti jejak-Nya."
Selamat datang di Keluarga Allah!
Namamu tertulis dalam Kitab Kehidupan Anak Domba.
Kisahmu baru saja dimulai — dan itu abadi.

TERHUBUNG DENGAN PELAYANAN ELANG TUHAN

- Situs web: www.otakada.org
- Seri Kekayaan Melampaui Kekhawatiran: www.wealthbeyondworryseries.com
- Email: ambassador@otakada.org

- **Dukung karya ini:**

Dukung proyek-proyek kerajaan, misi-misi, dan sumber daya global gratis melalui pemberian yang dipimpin oleh perjanjian.

Pindai Kode QR untuk Memberi

https://tithe.ly/give?c=308311

Kemurahan hati Anda membantu kami menjangkau lebih banyak jiwa, menerjemahkan sumber daya, mendukung misionaris, dan membangun sistem pemuridan di seluruh dunia. Terima kasih!

Biografi Penulis

Zacharias Godseagle
Penulis • Guru • Pemimpin Visioner
Zacharias Godseagle adalah seorang pengajar Firman yang penuh semangat dan suara yang bijaksana bagi Tubuh Kristus. Dengan karunia unik berupa wawasan spiritual, Zacharias melayani dengan kejelasan, kedalaman nubuat, dan keinginan yang membara untuk melihat orang percaya berjalan dalam kemurnian, kesalehan, dan penyerahan diri yang autentik kepada Kristus.
Sebagai rekan kerja dalam pelayanan God's Eagle Ministries (GEM), ia memainkan peran penting dalam membentuk konten pemuridan, pencerahan alkitabiah, dan penjangkauan berbasis media yang menyentuh kehidupan di berbagai ranah digital dan fisik. Tulisan-tulisannya berfokus pada transformasi batin, ketaatan, dan pemulihan Kristus ke takhta hati orang percaya.
Zacharias didorong oleh keyakinan sederhana: **ketika hati selaras, takdir pun selaras.**
Ia terus menjangkau khalayak di seluruh dunia melalui pengajaran, bimbingan, dan proyek-proyek kreatif yang dipenuhi Roh Kudus.

Duta Besar Monday O. Ogbe

Penulis • Komunikator Misionaris • Pendiri, God's Eagle Ministries (GEM)
Duta Besar Monday Oreojo Ogwuojo Ogbe adalah pendiri **God's Eagle Ministries (GEM)** —sebuah misi global dengan mandat untuk "menghubungkan orang kepada Tuhan melalui Firman-Nya." Dikenal karena semangatnya yang kuat akan kebenaran, penceritaan yang menyentuh hati, dan pengajaran profetik, ia melayani di berbagai negara melalui

tulisan, podcasting, pembuatan film, penginjilan digital, dan pemuridan.

Dengan latar belakang kepemimpinan, media, dan misi, Duta Besar Monday membawa karunia lintas budaya yang bergema dari Afrika hingga Asia, Amerika, Eropa, dan Timur Tengah. Ajarannya membahas pertempuran tersembunyi dalam hati orang percaya—keserakahan, pergumulan identitas, kepuasan diri rohani, dan erosi halus keintiman dengan Tuhan.

Ia adalah penulis berbagai renungan, seri buku, dan pengajaran multimedia yang menjangkau jutaan orang melalui otakada.org dan platform digital GEM.

Pesan hidupnya sederhana namun mendalam:

"Ketika Kristus berada di pusat, segala sesuatu yang lain akan menempati tempatnya yang semestinya."

Comfort Ladi Ogbe

Penulis • Pendoa Syafaat • Rekan Sekerja dalam Pelayanan

Comfort Ladi Ogbe adalah seorang penulis, pendoa syafaat, dan rekan kerja dalam penugasan Kerajaan Allah di God's Eagle Ministries. Dikaruniai belas kasih, kebijaksanaan, dan semangat yang penuh perhatian, ia membawa kedalaman emosional dan landasan spiritual pada setiap proyek yang ia kerjakan.

Kontribusinya—seringkali di balik layar—membawa aroma kerendahan hati, kebijaksanaan, dan penyembuhan. Comfort melayani melalui konseling, doa, pemuridan, dan kolaborasi kreatif, terutama dalam karya-karya yang menekankan pemulihan keluarga, kedewasaan spiritual, dan transformasi hati.

Sebagai seorang penulis, ia menulis berdasarkan pengalaman hidup dan keyakinan spiritual, menawarkan kepada pembaca kejelasan, kenyamanan, dan dorongan untuk mengejar kesempurnaan di dalam Kristus.

Comfort berkomitmen untuk membantu orang percaya mengalami Tuhan bukan hanya dalam pengetahuan, tetapi dalam kehidupan sehari-hari—di mana hati belajar untuk percaya, menyerah, dan berkembang.

Halaman Penulis:
https://www.amazon.com/stores/Zacharias-Godseagle/author/B0FCZ89D4K

Lampiran A

Model Doa Strategis 60 Menit

Model ini harus dipraktikkan setiap hari — bukan sesekali.

30 Menit — Ibadah

Fokuslah hanya pada siapa Tuhan itu:

- Yang Mulia
- Kedaulatannya
- Rahmat-Nya
- Keadilan-Nya
- Kewenangannya
- Kesetiaan-Nya

Tidak ada permintaan.
Tidak ada petisi. Hanya rasa hormat.

10 Menit — Nyatakan Kedaulatan-Nya

Nyatakan secara lisan:

- Tuhan mengatur hidupku.
- Tuhan mengatur keluarga saya.
- Tuhan mengatur panggilan hidupku.

- Tuhan mengatur lingkungan saya.
- Tuhan menguasai bangsaku.

Kewenangan diperkuat melalui deklarasi.

10 Menit — Pertobatan

Meneliti:

- Sikap
- Pidato
- Motif
- Kompromi tersembunyi
- Kemalasan spiritual

Akui secara spesifik.

10 Menit — Dekrit yang Selaras dengan Kerajaan

Nyatakan keselarasan berdasarkan Kitab Suci:

- Aku hidup dalam kekudusan.
- Saya hidup dengan disiplin.
- Aku bertahan dengan setia.
- Saya menyelesaikan tugas.
- Saya menolak mundur.

Jangan menetapkan ambisi yang egois.
Selaraskan dengan Kitab Suci.

Lampiran B

Panduan Reset Disiplin 7 Hari

Selama tujuh hari berturut-turut:

1. Satu jam penuh doa terstruktur tanpa gangguan setiap hari.
2. Bacalah satu Injil secara keseluruhan.
3. Audit integritas harian.
4. Tidak ada gosip, keluhan, atau berlebihan.
5. Setidaknya satu kali puasa yang disengaja.
6. Pengurangan noise digital.
7. Pengecekan akuntabilitas harian.

Sensitivitas dapat dipulihkan dalam tujuh hari.

Lampiran C

Templat Perjanjian Kesetiaan Pribadi

Tulis ini dengan tulisan tangan Anda sendiri.

PERJANJIAN SETIA PRIBADI

Saya, ______________________________,
menyatakan kesetiaan penuh dan eksklusif saya kepada Yesus Kristus.
Aku menolak kesetiaan yang terpecah.
Aku menolak kompromi tersembunyi. Aku berkomitmen pada kekudusan dalam kehidupan pribadi dan publik. Aku berkomitmen pada doa yang disiplin. Aku berkomitmen pada kesetiaan yang teguh. Aku menerima tugas ilahi-ku. Aku menolak pengunduran diri.
Aku mengikat perjanjian ini di hadapan Tuhan.
Tanda tangan: _________________________
Tanggal: __________________________

BERKAT PASTORAL TERAKHIR

Semoga kesetiaanmu tak tergoyahkan.
Semoga kedisiplinanmu konsisten. Semoga kesucianmu melindungi masa depanmu. Semoga daya tahanmu melampaui intensitas. Semoga tugasmu terpenuhi. Semoga tak ada peluru, pengkhianatan, kekecewaan, kemunafikan, dan bisikan untuk kembali yang menarikmu kembali.
Semoga Anda dapat menyelesaikan perlombaan Anda.
Semoga surga bersukacita atasmu.
Teruskan saja.

BUKU & SUMBER DAYA YANG DIREKOMENDASIKAN

Berdiri Tegak untuk Bangsa-Bangsa

320 Poin Doa Strategis untuk Tujuh Gunung Pengaruh

Doa Syafaat Selama 40 Hari untuk Gereja, Para Pemimpin, dan Penegahan Kerajaan Allah di Seluruh Bangsa

Seri Memobilisasi 10 Juta Pendoa Syafaat untuk Bangsa-Bangsa | 2

Toko Ebook Otakada.org - https://shop.otakada.org/product/standing-in-the-gap-for-the-nations-320-strategic-prayer-points-for-the-seven-mountains-of-influence-ebook/

Amazon Standing the Gap Ebook -
https://www.amazon.com/Standing-Gap-Nations-Strategic-Intercession-ebook/dp/B0GS42JJ1J

Amazon (versi sampul lunak dan sampul keras) -
https://www.amazon.com/Standing-Gap-Nations-Intercession-Intercessors/dp/B0GS6N511B

https://www.amazon.com/Standing-Gap-Nations-Intercession-Intercessors/dp/B0GS6FMM7P

Standing in Gap Ingramspark -
https://shop.ingramspark.com/b/084?params=NLsIsZZ6luaCjpZtgBrYrAkx0Xwf0SdP7V8HwTCpKqp

Aku Melihat Api dari Surga
Dari Jihad ke Yesus - Kesetiaan di Bawah Tekanan

Surat-surat Hidup – Seri Renungan 40 Hari | Buku 3

Tautan Ebook – https://shop.otakada.org/product/i-saw-fire-from-heaven-from-jihad-to-jesus-allegiance-under-fire-prophet-isa-el-buba-in-epub/
Tautan Ebook Amazon :
https://www.amazon.com/Saw-Fire-Heaven-Allegiance-Devotional-ebook/dp/B0GP9TGL2D

Saya Melihat Api dari Surga di Ingramspark -
https://shop.ingramspark.com/b/084?params=A1wptn8KXRFQanJBof1snSPoI6BqEOobmDhMk42aLIM

Saya melihat Api di Otakada.org -
https://shop.otakada.org/product/i-saw-fire-from-heaven-from-jihad-to-jesus-allegiance-under-fire-prophet-isa-el-buba-in-epub/

Pindai saya -

CS Lewis (1898-1963) - Kekristenan Sederhana, Dihayati Sepenuhnya: Dari Pikiran yang Enggan Menuju Kehidupan yang Transformed (Surat-surat Hidup - Seri Renungan 40 Hari | Buku 2)

Ebook

https://shop.otakada.org/product/new-book-release-cs-lewis-1898-1963-mere-christianity-fully-lived-from-a-reluctant-mind-to-a-transformed-life-living-epistles-40-day-devotional-seriesbook-book-2-ebook/

Buku Hardcover Ingramspark - https://shop.ingramspark.com/b/084?params=OJgtJv5h6lnwHQMGxVIqzD4cQokNdZ74yOERLGjnsmL

Buku fisik dan ebook tersedia di Barnes and Noble https://www.barnesandnoble.com/w/cs-lewis-cs-lewis/1149411451?ean=9798295609619

Santo Agustinus dari Hippo (354–430 M)
Dari Hati yang Gelisah Menuju Kehidupan Tertulis -
Surat-surat Kehidupan – Seri Renungan 40 Hari – 1

Tautan Ebook Amazon -
https://www.amazon.com/ST-AUGUSTINE-HIPPO-354-430-Devotional-ebook/dp/B0GJN8N9XS

Tautan pemesanan buku paperback di Amazon -
https://www.amazon.com/St-Augustine-Hippo-354-430-Devotional/dp/B0GJWTVLR6

Tautan Buku Paperback Ingramspark -
https://shop.ingramspark.com/b/084?params=BZOOW3dj93aGEtBL2Fv1VY8wV1OQvA10dtZRDgk7Z9Z

PINDAI SAYA

PEMBARUAN 7
Sembuhkan Jantung Rumah Anda dalam 7 Hari
Seri Pembaruan – Edisi Persatuan Keluarga

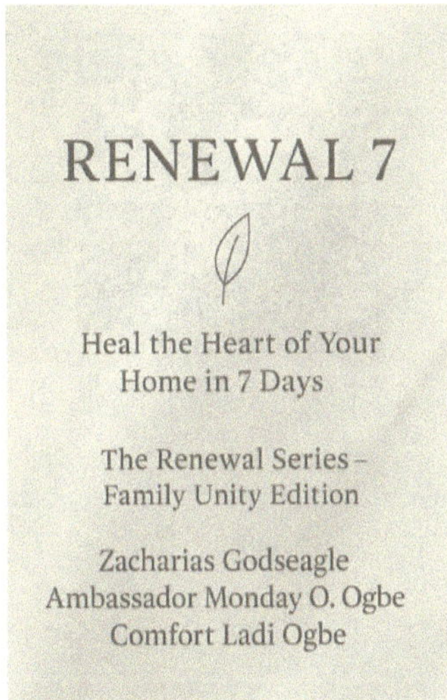

Tautan ke Buku Paperback -
https://shop.ingramspark.com/b/084?params=htyfL002e1JzyEpZWkKtaXWF5FJ1jZFOjgiQKEfcbnw

Tautan ke Halaman Amazon Versi Cetak -
https://www.amazon.com/RENEWAL-Heal-Heart-Your-Renewal/dp/B0GD92153W

Tautan ke Ebook Amazon –

https://www.amazon.com/RENEWAL-Heal-Heart-Your-Renewal-ebook/dp/B0G91BMFND

PINDAI SAYA –

Pembaruan 7: Sembuhkan Jantung Rumah Anda dalam
7 Hari

Seri Pembaharuan — Edisi Persatuan Keluarga

Tautan ke Buku Cetak -
https://shop.ingramspark.com/b/084?params=nSEEL v9oUsItOu5akVZlg4ycGbbmvlBOtSiqeOZr5yQ

Tautan ke buku fisik di Amazon -
https://www.amazon.com/RENEWAL-MARRIAGE-Heart-Marriage-Renewal/dp/B0GDC1YZJ7

Tautan ke Ebook Amazon -
https://www.amazon.com/RENEWAL-MARRIAGE-Heart-Marriage-Renewal-ebook/dp/B0G6JXJWJL

Takhta hati – 12 pertempuran yang harus kita menangkan

Ebook Amazon -
https://www.amazon.com/THRONE-HEART-COVETOUSNESS-Counterfeit-CONTENTMENT-ebook/dp/B0G4SPFRY7

Buku saku Amazon -
https://www.amazon.com/THRONE-HEART-COVETOUSNESS-Counterfeit-CONTENTMENT/dp/B0G4TKW1ND

Buku bersampul tipis dari Ingramspark -
https://shop.ingramspark.com/b/084?params=a75LJXtvvI63VnzeQPleQTkAJWfu8CPQV6l5Oe31D80

4 Khotbah dalam 1 oleh Zacharias Godseagle dengan tautan Audio –

Tautan Ebook Amazon -
https://www.amazon.com/Sermons-Zacharias-Godseagle-Audio-links-ebook/dp/B0G4XCH4TW

Buku saku Amazon - https://www.amazon.com/Sermons-Zacharias-Godseagle-Audio-links/dp/B0G4TK4XGT

Link Ingram Spark untuk buku bersampul tipis -
https://shop.ingramspark.com/b/084?params=nK2JERskkbhdAOSNseTUNRhaCFqUPZuhB4uYfqrXvGb

KODE ZIARAH: Kebangkitan AI

Ebook - https://www.amazon.com/Logos-Protocol-Awakening-artificial-intelligence-ebook/dp/B0FXNQFSWZ

Buku saku - https://www.amazon.com/Logos-Protocol-Awakening-artificial-intelligence/dp/B0FXNGR66D

Buku sampul keras - https://www.amazon.com/Logos-Protocol-Awakening-artificial-intelligence/dp/B0FZNTQR6Y

Buku saku Ingramspark - https://shop.ingramspark.com/b/084?params=QkK4aNYTYO9U5z9uOkdHgc7Ue1eGDLqbb1tz9WRPaSk

Mengapa Pembebasan Gagal - dan Bagaimana Api Allah Memulihkan Jiwa: 40 Pernyataan Harian untuk Pembebasan Menyeluruh

Ebook - https://www.amazon.com/Why-Deliverance-Fails-Declarations-All-Round-ebook/dp/B0FW74L4G4

Buku saku - https://www.amazon.com/Why-Deliverance-Fails-Declarations-All-Round/dp/B0FWB3LXRM

Diselamatkan tetapi Tersesat – Mualaf yang Tidak Didisiplinkan – diterjemahkan ke dalam 25 bahasa

Buku bersampul tipis
https://shop.ingramspark.com/b/084?params=iYNB6S3PLMfREpm0jMM15bMe3BvWlkjcYyLYnHVGAds
Ebook - https://www.amazon.com/SAVED-BUT-LOST-UNDISCIPLED-heartbreak-ebook/dp/B0FVJ29DF7

7 HARI PEPERANGAN ROHANI & PEMULIHAN - ini Bagian 1

Mengikat Musuh, Membalas Panah Tujuh Kali Lipat, dan Memulihkan Takdirmu

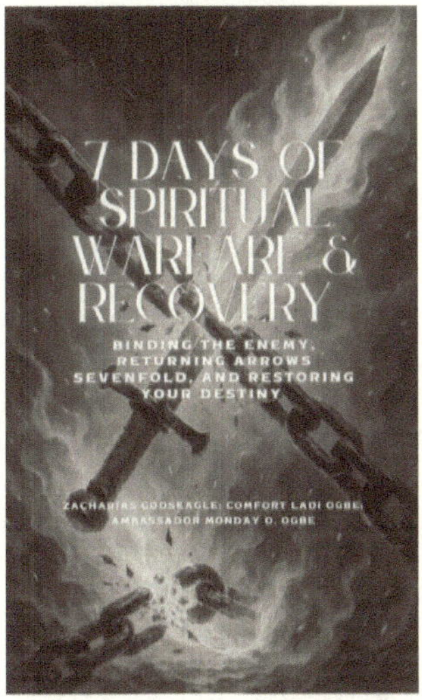

https://shop.ingramspark.com/b/084?params=8mPzqUl73Ex7uPyeO7ydyt8EGkkB6u2gX1jZvWU8j1C

Tautan e-book - https://www.amazon.com/DAYS-SPIRITUAL-WARFARE-RECOVERY-Returning-ebook/dp/B0FMPJM5KZ

7 HARI PEPERANGAN ROHANI & PEMULIHAN - Bagian 2 - Mengukuhkan Kemenangan,

Menghancurkan Kejahatan Rumah Tangga, dan Memelihara Takdir Anda yang Dipulihkan

Buku bersampul tipis -
https://shop.ingramspark.com/b/084?params=LkpNmGSsApHhWhiSO7bW3wFmcXQKIO4ZEBeSbP5rL1S

Ebook - https://www.amazon.com/DAYS-SPIRITUAL-WARFARE-RECOVERY-Wickedness-ebook/dp/B0FR9YCMY8

DARI KEGELAPAN MENUJU KEKUASAAN: 40 Hari untuk Membebaskan Diri dari Cengkeraman Kegelapan yang Tersembunyi

–

Renungan Global tentang Kesadaran, Pembebasan & Kekuatan - Untuk Individu, Keluarga, dan Bangsa yang Siap Merdeka

Buku bersampul tipis
https://shop.ingramspark.com/b/084?params=aVgp21QfwJxNANkfMxIQ0yejuFCVY12KFr978SRkZUD
Tautan Amazon -
https://www.amazon.com/DARKNESS-DOMINION-Devotional-Awareness-Deliverance-ebook/dp/B0FLDH2Y67

- *Terbebas dari Kuasa Kegelapan* **(Buku Saku)** — Beli di Sini | Ebook di Amazon

  - **Ulasan Teratas dari Amerika Serikat:**
    - **Pelanggan Kindle** : "Bacaan Kristen terbaik yang pernah ada!" (5 bintang)

Puji Yesus atas kesaksian ini. Saya sangat diberkati dan akan merekomendasikan setiap orang untuk membaca buku ini... Karena upah dosa adalah kematian, tetapi karunia Allah adalah hidup kekal. Shalom! Shalom!

    - **Da Gster** : "Ini adalah buku yang sangat menarik dan agak aneh." (5 bintang)

Jika apa yang tertulis dalam buku itu benar, maka kita benar-benar jauh tertinggal dari apa yang mampu dilakukan musuh! ... Wajib dibaca bagi siapa pun yang ingin belajar tentang peperangan rohani.

    - **Visa** : "Suka sekali buku ini" (5 bintang)

Ini sungguh mengejutkan... sebuah pengakuan jujur... Belakangan ini saya mencarinya di mana-mana untuk membelinya. Senang sekali bisa mendapatkannya dari Amazon.

- **FrankJM** : "Sangat berbeda" (4 bintang)

Buku ini mengingatkan saya betapa nyatanya peperangan rohani. Buku ini juga mengingatkan saya akan alasan mengapa kita harus mengenakan "Seluruh Perlengkapan Senjata Allah."

- **JenJen** : "Siapa pun yang ingin masuk Surga, bacalah ini!" (5 bintang)

Buku ini sangat mengubah hidup saya. Bersama dengan kesaksian John Ramirez, buku ini akan membuat Anda melihat iman Anda dengan cara yang berbeda. Saya sudah membacanya 6 kali!

- *Mantan Pemuja Setan: The James Exchange* (Buku Saku) — Beli di Sini | Ebook di Amazon

- ***KESAKSIAN SEORANG MANTAN PENGANUT SETAN DARI AFRIKA*** - *Pastor JONAS LUKUNTU MPALA* (Buku Saku) — Beli di Sini | Ebook di Amazon

- *Greater Exploits 14* (Buku Saku) — Beli di Sini | Ebook di Amazon

- *Out of the Devil's Cauldron* karya John Ramirez — Tersedia di Amazon
- *Dia Datang untuk Membebaskan Para Tawanan* karya Rebecca Brown — Temukan di Amazon

Buku-buku lain yang diterbitkan oleh penulis – Lebih dari 1000 judul

Dikasihi, Dipilih, dan Utuh : Perjalanan 30 Hari dari Penolakan menuju **Pemulihan** , diterjemahkan ke dalam 40 bahasa di dunia.

https://www.amazon.com/Loved-Chosen-Whole-Rejection-Restoration-ebook/dp/B0F9VSD8WL

https://shop.ingramspark.com/b/084?params=xga0WR16muFUwCoeMUBHQ6HwYjddLGpugQHb3DVa5hE

Mengikuti Jejak-Nya — Tantangan WWJD 40 Hari: Hidup Seperti Yesus dalam Kisah Nyata di Seluruh Dunia

https://www.amazon.com/His-Steps-Challenge-Real-Life-Stories-ebook/dp/B0FCYTL5MG

https://shop.ingramspark.com/b/084?params=DuNTWS59IbkvSKtGFbCbEFdv3Zg0FaITUEvlK49yLzB

YESUS DI DEPAN PINTU:
40 Kisah yang Mengharukan dan Peringatan Terakhir Surga untuk Gereja-gereja MASA KINI
https://www.amazon.com/dp/B0FDX31L9F

https://shop.ingramspark.com/b/084?params=TpdA5j8WPvw83glJ12N1B3nf8LQte2a1lIEy32bHcGg

KEHIDUPAN PERJANJIAN: 40 Hari Menjalani Berkat Ulangan 28

- https://www.amazon.com/dp/B0FFJCLDB5

Kisah dari Orang Nyata, Ketaatan Nyata, dan Kenyataan Nyata

https://shop.ingramspark.com/b/084?params=bH3pzfz1zdCOLpbs7tZYJNYgGcYfU32VMz3J3a4e2Qt

Transformasi dalam lebih dari 20 bahasa

MENGENALNYA & MENGENALNYA:
40 Hari Menuju Penyembuhan, Pemahaman, dan Cinta Abadi

https://www.amazon.com/KNOWING-HER-HIM-Healing-Understanding-ebook/dp/B0FGC4V3D9

https://shop.ingramspark.com/b/084?params=vC6KCLoI7Nnum24BVmBtSme9i6k59p3oynaZOY4B9Rd

LENGKAPI, BUKAN BERSAING:
Perjalanan 40 Hari Menuju Tujuan, Persatuan, dan Kolaborasi

https://shop.ingramspark.com/b/084?params=5E4v1tHgeTqOOuEtfTYUzZDzLyXLee30cqYo0Ov9941

https://www.amazon.com/COMPLETE-NOT-COMPETE-Journey-Collaboration-ebook/dp/B0FGGL1XSQ/

KODE KESEHATAN ILAHI - 40 Kunci Harian untuk Mengaktifkan Penyembuhan Melalui Firman dan Ciptaan Tuhan Buka Kekuatan Penyembuhan dari Tumbuhan, Doa, dan Tindakan Kenabian

https://shop.ingramspark.com/b/084?params=xkZMrYcEH
nrJDhe1wuHHYixZDViiArCeJ6PbNMTbTux

https://www.amazon.com/dp/B0FHJT42TK

Buku-buku lainnya dapat ditemukan di halaman penulis
https://www.amazon.com/stores/Ambassador-Monday-O.-Ogbe/author/B07MSBPFNX

www.ingramcontent.com/pod-product-compliance
Lightning Source LLC
LaVergne TN
LVHW090230051026
849517LV00001B/254